安閑園の食卓
私の台南物語

辛永清

集英社文庫

安閑園の食卓　私の台南物語

目次

安閑園の食卓

私の台南物語

まえがき

三月の下旬、私は料理の講習の仕事で短い旅をした。大学の先生や料理学校の先生を対象にした料理講習で、四国での仕事を了《お》えて次の講習地に向うという日、瀬戸内海は霧に閉されて飛行機がとばない。フェリーがまだ動いていると聞いて、私は急いで港に行った。

空は白く海も白く、甲板から見下すとすぐ下の海面だけが鈍色《にびいろ》にうねっていた。霧の海を汽笛を鳴らしながらゆっくりと進んで行く船の震動に身を任せていると、もう五十年近い昔になる、幼い日の船旅が思い出された。台湾での子ども時代をあれこれと書き綴ってきていたせいもあって、その航海は思いがけないほどの鮮やかさで私の中に甦ってきた。

日本と台湾の間を、商用で幾度となく往復していた父は、そのたびに姉やら兄嫁やらの一人二人をお伴に連れて行っていたのだが、小学校一年生の夏休みに、小さいけれどおとなしくて手がかからないからと、姉たちに混って私も連れて行ってもらえることになった。その頃の日本航路を走っていた船は、高千穂丸であり高砂丸であって、きらびやかな大広間や甲板のプールが楽しい豪華船だった。父の乗る船が港に入るたびに、出港前の船に乗せてもらって船内を遊びまわっていた私には、日本への船旅は、いつか私もという憧れの旅なのだった。

日本に上陸したのが下関だったのか神戸だったのか、その辺ははっきりしないのだが、私たちは汽車で東京に行き、父は仕事に、私達は日光、京都等に遊んだ。帰国を控えたある日、デパートにお土産品を買いに行った。たぶん日本橋の三越だったのだと思う。広い、シックな調度が置かれた応接間のようなところで、父は次々となにか注文を出し、数人の店員が出たり入ったりして品物が調えられていった。そのときに買ってもらった白いサンダルは、本当はちょっと足に当って痛かったのだけれど、私はとても気に入って、皮紐《かわひも》がとれて壊れてしまうまで二年ほどはき続けた。お土産品の大荷物は横浜あたりから積み込まれるのか、台湾に帰ると同時に船から降ろされて、自宅の居間に積み上げられていた。その後再び日本に来た私には、デパートの応接室など全く無縁で、わずかばかりの買物をして出てくるばかりだが、子ども時代に一度だけ覗《のぞ》いたあの部屋がいまもあるのかどうか、巨大な建物のどのあたりがその部屋かと、ビルの窓を見上げてみたこともあった。

あのときの船旅は、空も海も真青な、晴天続きの夏の日だったが、霧に包まれた春の瀬戸内を方角も分らないままに運ばれていると、いつか自分が幼い子どもになって、父や姉たちと一緒に初めての日本に向っているような錯覚をおこしそうだった。

あの初めての航海以来、あるいは日本に来て暮らすべく運命づけられていたのではないかと、運命論者の私は考える。三十数年前、新婚の花嫁として日本にやってきた私は、子どもを一人産み、離婚し、ピアノと料理を教えながらそのまま東京に住みついて今日まで来た。

何年か前まで、子どもが経済的にも精神的にも、あらゆる面で私を必要としなくなったら、私はいずれ台湾に帰ることになるのだろうと思っていた時期もあった。しかし五十代の半ばにさしかかって、老いということが身近になってきたいま、このままここで年を重ねていくのもいいのではないか、と考えはじめている。

三十数年前の日本はいまとはずいぶん違っていた。道を行く人たちは、私の眼から見れば、私たち中国人とははっきり違って、異国に来たという思いがつよくした。横浜や神戸の中華街といわれるようなところを別にすれば、至るところにラーメン屋はあっても、きちんとした中国料理を食べさせる店は限られていた。

ところがいまはどうだろう、各地方ごとの中国料理はもちろん、ありとあらゆる外国料理の店が揃っている。この何十年かで、日本ほど食生活の変化した国はあるまい。家庭の食卓にさえ、フランス料理、イタリア料理、ロシア料理、スペイン料理等々が持ち込まれ、インド風のカリーも作ればイスラム式の焼肉シシ・カバーブも作る。おそらくいま、日本の家庭料理は世界中でもっとも幅広い食文化が展開されているのではないだろうか。

食生活の変化が直接、影響しているのかどうかはわからないが、最近の日本の若い人たちの顔が変ってきた。眼が大きく、中高な、欧米人ふうの顔立ちの人が増えているように思う。ひるがえって、故国台湾の若者の顔をしげしげと眺めれば、日本ほどではないにしろ、従来のいかにも東洋系という顔立ちから、少しずつ西洋ふうの顔へと変化しているようである。ことは食事ばかりでなく、生活全般の欧風化という現象が(いまのところそれは近代化ということとかなりの同義語として私たちの暮らしを変えてきているのだが)東洋人を西洋ふうに近づけ、そしてそれによって、日本人も中国人も一様に、それぞれの特性を失いつつあるのかもしれない。顔立ちばかりでなく、感性や精神のあり様も変ってきているのだろう。中国を母国として日本に暮らす私には、中国にいる中国人、日本にいる日本人以上に、お互いのその変化がよく見えるような気がする。

二十歳で台湾を出て以来、三十数年間、日本で生活している私は、どうやら三十数年前の中国人のままらしい。日本が好きだから、母国と同じように、いやもしかしたらいまはもうそれ以上に日本を自分のいるべき場所と思っているから、こうして東京暮らしを続けているのだが、そういう思いとは別に、異郷に暮らす外国人が自分を見失うまいとすればやはり、生まれた国の風俗習慣、自分が背負っている文化というものをつよく意識することになる。そして私の場合のそれは、二十歳までを過した台湾の、台南という南の町の明るい青空であり、緑の田園なのだった。

いつの間にか、台湾で過した歳月より、日本での生活のほうがずっと長くなってしまった。折にふれて台湾での日々を思い出すことが多くなったのは、東京があまりにも当時の台湾と違いすぎているためなのか、それとも私が、何とはなしに回顧的になりがちな年齢に達したためなのだろうか。二つの文化の懸け橋になどという大それた気持ちは毛頭ないが、台湾での風俗、食生活の個人的経験を記録しておきたいと思ったのは、今ではそれらが、台湾ですらなくなりつつあると知ったからである。

人は誰でも、生い育った国の文化を離れることはできない。私個人の経験はともかく、広大な中国文化の一つとして、こうした形があったことを日本の人に少しでも知っていただけたら、と思ったのである。一人の中国の女が、日本の街で中国人として生きて、同じような外見の下に異なる文化もあることを知った。同じことを日本の読者に知ってもらうのは、けっして悪いことではあるまい。

もとより、ここに紹介したことはいずれも私の片々たる個人的経験ばかりである。いつでも、どこでも思い出せることだけを記したら、これだけの話になった。とくに記憶力が優れているとも思えない私だが、一つ一つの記憶があまりに鮮やかなのに驚かされたほどである。年の近い妹に訊ねてみると、この中のいくつかについては、確かにその時一緒にいたはずなのに、全く記憶がない、という。かえって、「よくそんなこと覚えているわね」と、不思議なものを見るような顔をされてしまった。

そして、この本にもし少しでも価値があるとすれば、その点ではないかという気がする。妹より私の方がよく記憶しているのは、おそらくその時、私の方がより注意深く見ていたからにちがいない。些細《ささい》なことも含めて、私には一つのことをじっと注意深く見守る癖がある。早い話、現在は他人に教えて身を立てている料理にしても、正式に学校へ行って習ったものではなく、わが家の台所で母や使用人が作るのを、じっと見ていて覚えたものなのだ。

「安閑園《あんかんえん》」とは、私が幼少時代の大部分を過した台南市郊外の屋敷の名前である。台南市は、日本の京都とはちょっと趣はちがうが、古い歴史に彩られた古都だった。大陸で清の大軍に敗れた鄭成功《ていせいこう》が、台湾に渡ってたて籠ったという古い城郭が今も残っている、落着いた美しい街である。

私はそこで、ふつう思春期とか青春時代とかいわれる最も多感でもの思う時期を過した。南の国では時は限りなくゆっくりと進む。あるいは私が子どもだったためにそう感じたのかもしれないが、安閑園では日々すべてが新鮮であり、時はつねに何物かを刻印しながら静かに流れていた。

食べ物はおろか子どもの教育までも、何でも即席で仕上げようという現在の日本と、何という違いだろうと、しみじみ思うのである。「だから日本（人）は……」などというつもりは毛頭ない。日本ほどではないにしても、台湾も激しく変りつつあるのは前に述べた通り。現に、広々とした辛家《しんけ》の墓地ですら、今では大部分が住宅地と化してしまった。平凡な言い方だが、人は誰も時代の流れに抗って生きることはできないのだ。

ただ、それでも私がこのことだけは書き留めておこうと思ったのは、安閑園での生活が（料理だけでなく）実にたくさんのものを私に与えてくれた、と思うからである。それぞれの立場で超多忙な日々を送っている現代の人々も、実はそうしたゆったりとした時の流れの大切さを知っているはずだ、と信ずるからである。

日常の、どんな些細なこと、物、人の中にも、宝物はある。そしていつの時代にも、注意深く見つめていさえすれば、その宝は誰にでも見つけることができるはずである。

私がこの本で訴えたかったのはそのことだったのだ、とまとめに入った今は考えている。

1　宝石売りのおばあさん

「今日はまあ、なんていいお天気なんでしょう。お宅の庭はいつ見てもきれいね、丹精してよくばらが咲いていること！」

門のほうから、かん高い陽気な調子で、庭中をほめまくっている声が聞こえるのは、いつもの宝石売りのおばあさんが来たらしい。けたたましいようなほめ言葉が、だんだん近づいてきて、

「あんたも丈夫で結構なことね、おかみさんも相変らずお達者かい？」

どうやらこれは、車夫の旺盛《ワンツン》がつかまっているようだ。旺盛は、これで人力車がひけるのかと思うくらい、ぎすぎすに痩《や》せたとても神経質な人だったが、奥さんのほうは毎朝うちにきて家中の洗濯を片づけ、夕方またきて、とり込んだ洗濯ものにアイロンをかけていく気のいいおばさんで、二人は屋敷内の小さな家に何十年と住んでいた。父は仕事では自動車を使うことが多く、人力車はもっぱら母の乗りものだったから、母の用のないときは、旺盛は庭師を手伝ったり、門番代りをつとめたりしていた。宝石売りのおばあさんは旺盛の答えも待たずにひとりでしゃべり立てて、こんどは、玄関先にいた下

働きの女の子に、今日はとびきり美人だわよと声をかけておいて、

「ところで奥さんやお嬢さん方はおいでかしら」

と、入ってくる。

何歳ぐらいだったのだろうか、小柄な、その頃もう珍しかった纏足《てんそく》のおばあさんで、小さな足に、それでもちゃんとヒールのある靴をはいて、芝生を張った前庭の敷石道を年に三、四回、大きなお尻をふりながらやってきた。いまからもう五十年近くも昔の、私の子どもの頃の話である。中国でもその頃は纏足の風習はもうすっかり廃れていたが、年配の女の人のなかにはまだ何人か見かけることもあって、町の大きな靴屋に行くと、纏足用の靴を並べたコーナーがあった。それにしても、纏足のおばあさんたちは例外なしに大きなお尻をしていた。足の発達を妨げると、バランス上、かわりに腰が発達するのだろうか。小さな足がチョコチョコ歩くと、大きなお尻が左右にゆれる。昔の男は、そうした女の姿を美しいと思ったのだと言う。たしかに、お尻をふって歩く格好はある種の色気があると言えば言えないこともないけれど。

宝石売りのおばあさんは小さな体に、重たい大きな箱を提げて、危なっかしい足どりで歩いてくる。箱の中身は、いまの金額で言えば一億や二億にはなるのではないだろうか、ダイヤモンドに真珠、それに中国のことだから翡翠《ひすい》がいちばん多くて、エメラルド

やルビーといった色石はほとんどない。母や親戚のおばたちがつけていたのも、だいたいこの三種で、宝石の種類はいまよりずっと少なかったようだ。高価なものばかり持っているのだから人力車ぐらい乗ればいいのにと思うのだが、いつもかならずひとりで、ヨチヨチと歩いていた。うちにくる人はいつもきまったおばあさんだったが、同じように家々を訪ねて歩く宝石売りは何人かいたようで、どの人も、どんな遠方へも歩いて回っていたらしい。不用心このうえないように見えるけれど、しかしこのおばあさんたちが強盗にあったという話は聞いたことがない。のどかな時代だったのだろうし、あるいは宝石売りの口達者には、泥棒もおそれをなしたのかもしれない。

私が子どもの頃は、いまのような大きな宝石店というものは町になく、宝石を買うと言えばいつものおばあさんからと、きまっていた。

「そろそろ顔をみせてもいいころね」

「この前きたのが春先だったから……」

などと、母や姉たちが話しているとふしぎなことに、二、三日うちにはかならず、門のあたりから、

「なんていいお天気なんでしょう」

にはじまって、花から庭木、使用人の顔色から働きぶりまで、目にとまるあらゆるも

のをほめあげる陽気な声が聞こえてくるのだ。そういえば宝石売りのおばあさんが来る日は、いつもとびきりの上天気だったような気がする。

前触れもなしに、ある日突然やってくるおばあさんを母は歓待した。午前中にきた日にはお昼ご飯を、午後だったら三時のお茶に招いてもてなした。午後のお茶はたいていいつも、母の部屋のベランダに、兄嫁やその子どもたちも集まって、にぎやかに飲んだり食べたりするのだが、その日は宝石売りのおばあさんもこのテーブルに坐って、たっぷり二、三時間はおしゃべりしていくのである。

おばあさんの宝石箱は引出しが何段にも重なったもので、ひとつひとつ引抜いて、宝石をテーブルの上に並べていく。指輪やイヤリングになったものと石だけのものと、半々ぐらいだったろうか。あれこれと品定めして買うときもあれば、買わないときもある。デザインが気にいらなくて作り替えてもらったり、こんなのが欲しいのだが探してみてよと頼んだりする。値段表などというものは一つもついていなくて、どこそこのお嬢さんがどうした、何々家の婚礼がどうだったという世間ばなしの合間に、いくらですか……おや、結構なお値段ね……これくらいにはならないの？　……とやりとりがあって、いつの間にか落着くところに落着いていく。のんびりしているようでいて、要所要所を押さえた駆けひきを聞いているのは、スリルがあってとても楽しいものだった。

いまの私には宝石を買うような余裕はとてもなくて、いくつか持っている装身具は、娘時代に母からもらったものばかりだけれど、台北の姉の家にはいまでもときおり、こうした宝石屋がくるという。もっとも、纏足でもなければおばあさんでもなく、颯爽《さっそう》とした中年の女性が自動車に乗って現われるのだそうだ。町の宝石店でみるよりもかなりいいものを持ってくるらしいが、翡翠だけは、もう昔のようないい石が少なくなったと姉は言っていた。宝石というものは急いで買うものではないと言うのが母の口癖で、たとえばこういう指輪が欲しいと思ったらまずじっくり構えること。二年、三年と待っているうちに、かならずぴったりのものにめぐり会うのだからと、私たちはしょっちゅう聞かされていた。

何年か前に、料理のアシスタントをしてくれている人と一緒に台湾へ行ったおりに、やはりそうした宝石屋のひとりが姉の家にきていたことがあった。私の連れはかねがね翡翠の装飾品が欲しい、向うへ行くことがあったら是非買ってきたいと言っていた人で、宝石屋がひろげた商品にすっかり目を奪われている。なかでも一対のイヤリングがとても気に入ったらしく、いまにも、それを買いますと言わんばかりになったのをみて、

「ちょっとこっちへいらっしゃい」

姉が声をかけて彼女を自分の部屋につれて行った。

「いま買わないほうがいいと思うわ。今日の品物、たいしていいものじゃないし、それに少し高いようですよ」

私には宝石をみる眼がなくてさっぱりわからなかったけれど、姉はきっぱりとそう言い、残念そうな表情の彼女に、

「こんど、こころがけていいものを探しておきますからね。そのうちにかならず、だれか東京に行く人に持たせて届けるから、待っていてちょうだい。宝石は急いで買うものではないのよ」

母にさんざん聞かされたのとそっくり同じことを言うのだったが、その姉の言葉にまちがいはなく、たしか翌年ぐらいに、そのときと同じくらいの金額で、それでいてはるかにすばらしい翡翠のイヤリングが知人に託して届けられたのだった。

宝石の良しあしと、巧みで楽しい値切り方を、ベランダのお茶のテーブルで勉強した姉は、なかなか買物上手のようである。

現代の宝石売りの女性たちはどうかしらないが、昔のおばあさんが持って歩いていたのは、宝石だけではなかった。あちこちの家の出来事や自慢の蘭《らん》の出来ぐあい、子どもたちの成長ぶりなどの社交情報を満載してくるのはもちろんだが、宝石箱のいちばん下

の引出しには、ある意味では宝石よりもっと大事なものが入っていた。宝石売りのおばあさんがどこの家でも歓待されたのは、むしろこのためだったのかもしれない。いちばん下の引出しに入っているのは何枚もの赤い紙である。お嬢さんもすっかりおきれいになってとか、または、息子さんがご立派になられてと言いながら、

「ここらあたり、どうでしょう」

と、三、四枚を選んでとり出してくる。赤い色紙の一枚一枚には年ごろの男女の名前と家柄、学歴などが書かれていて、

「お気持ちがあれば、写真いただいて来ましょうか」

ということになる。話を聞くとどれもこれもが素晴らしい坊ちゃん嬢ちゃんで、宝石売りの口達者はさすがなものである。しかし、話半分としても、それぞれの家の事情によく通じている人だけに、家柄のつり合いや向き不向きが適確で、もち出される縁談は十分、検討に価するものなのだった。適齢期の娘、息子のある家はもちろん、まだ幼い子や孫もいずれお世話になるのだから無関心ではいられない。こうした縁談についても、宝石と同じようにじっくり焦らずに選んだのかどうか、まだ子どもだった私にはわからなかったが。

学校から帰ってきて、宝石売りのおばあさんがきていると言われると、小躍りして

母の部屋にとんでいった。きれいな宝石と思わず聞き耳をたててしまうような縁組み話、それにいつもより豪華なおやつが待っているからだ。私のいちばん好きだったおやつは「萬川《ワンツアン》」のお饅頭《まんじゅう》なのだが、しょっちゅう食べさせてもらえるものではない。でも、おばあさんがきているのなら、車夫の旺盛が町まで買いにいったのではないだろうか。「萬川」は餃子と肉饅頭を作っている店で、ことに肉饅頭は台南一といっていいぐらいのものだった。「萬川」の肉饅頭と「萬川」の隣の店で売っている鴨《かも》の手羽先を煮込んだものでお茶にするのが、私にとって、最高の豪華なおやつというわけである。

ふだん私たちは、おやつにあまり甘いものを食べさせてもらえなかった。鶏の手羽先の炒めたものとか餃子、それに庭の果物を添えるのがだいたい毎日のきまりで、裏庭の一角が果樹園になっていて、南国だけに一年中果物が絶えない。りんごにちょっと似た味のデンブーや切口が星型のようにみえる楊桃《ヤンタオ》は日本では見かけない果物だった。どちらも皮は非常に薄く、洗ったまま、皮ごと食べる。ほかにマンゴー、茘枝《れいし》、バナナなど種類も味も豊富だった。木登りの得意な旺盛が収穫係と決まっていた。相当に背の高い木ばかりなのだが、腕に籠をさげてするすると登っていって、その日いちばんいい熟しぐあいのものを選んでもいでくれる。私たちがうっかりほかの人に頼んだりすると、旺盛はひどく不機嫌だった。乱暴な登り方をして、木が揺れて実が落ちたり、まだ熟しきらないものをもいでくると言って怒るのである。子ども相手とは思えないほど青筋をたてて怒るので、私たちはすっかりしゅんとなって、

「ごめんね、今度からかならず旺盛にとってもらうから」

「もうほかの人には頼まないから」

と、口ぐちにあやまるのだった。

午後のお茶に、丸ごとの鶏一羽が出ることがあった。しかもみんなで食べるのではなく、特定の、ある子どもひとりのためにである。その子がひとりでは食べきれず、母親が許せば、ほかのきょうだいもお相伴することができるが、そうでなければ指をくわえて眺めていなければならない。漢方の医者の考えからかどうか、私が育った地方では、子どもから大人になりかけるころ、男の子の声がわりとか女の子の初潮の前後一、二年の時期を見計らって、ひと月に何回か、こういうおやつを食べさせるのだ。ふつうのローストチキンとちがって、生姜《しょうが》を山ほど使って焼きあげる、特別な鶏の丸焼きだった。

かるく塩、胡椒した鶏のおなかにぎっしりと生姜を詰め、外側には薄く切った生姜をすきまなく貼りつけておいて蒸し焼きにする。いまのようにオーブンがある時代ではないから、中華鍋に網をわたして鶏をのせ、蓋《ふた》をかぶせて焼く二時間ほどの間、ほぼつき

っきりで火の番をしていなければならない。その火もどういうわけか、藁《わら》を少しずつ焚くのがいいとされていて、下働きの女の子が一人、炉の前にしゃがみこんで一摑みずつくべていく。藁の火で二時間かけて焼きあげると、生姜の薬効がじっくりと鶏にしみこんで、生姜と鶏の相乗作用が成長期の身体にいいというのである。身体が変化する時期にしっかりとした栄養をつける必要があったのと、大人になりかけている子どもに自覚をうながすひとつの儀式でもあったのだろう。丸ごと一羽の鶏を前にして、好きなだけむしって食べるのである。切りわけて盛るのでなく、必ず丸ごとをむしるのだった。宝石売りのおばあさんが三時のお茶に招《よ》ばれて、そんな場面に出くわしたら、この間までのチビさんがもうそんな年ごろになったのかと早速、縁組みリストの末尾につけ加えることだろう。

年齢が離れていることもあって、すぐ上の姉のときがどうだったかは記憶にないのだが、大勢の従兄姉たちが次々とこのおやつを食べさせられるのを見た。ひとりだけ別のテーブルで大きな鶏を前にした子どもは、男の子たちは食欲の盛んな時期でもあるから、少しは恥ずかしげに、しかし大にこにこでムシャムシャ食べる。それにくらべると女の子のほうは、男の子よりももっとはっきりした変化を迎えなければならないこともあって、どうしてもうつむき加減になってしまう。そこに小さな弟妹たちが面白がって追い打ちをかけた。

私の家では、台所の隣の配膳室のテーブルがこのおやつの場所だった。配膳室は台所と食堂を繋《つな》ぐ通路のような部屋だったから、なにかというと人が通る。こっそりと隠れて食べるというわけにはいかない。いたずら好きの小さな子どもたちは用もないのにワアワアとはやしたてて走り抜け、大人たちは逆に、じろじろ見られては恥ずかしいだろうと、わざと目をそらせて通って行く。

兄の一家と一緒に暮らしていたわが家には、私とあまり年齢の変らない甥《おい》や姪《めい》たちがいた。自分のきょうだいならともかく、子どもには違いなくても私は彼らの叔母である。小さな甥や姪たちにからかわれるのは絶対いやだ、と私は思った。

「私、あのおやつ食べないからね！」

そろそろ私の番が来るかなと思ったとき、私は母にこう宣言した。

「どうしても食べなくてはいけないんだったら、みんなと一緒に、みんなで食べるんじゃなくちゃいやだから」

そして私は、他のきょうだいや甥、姪たちに、ある意味では私のおごりで、鶏を振舞うという立場を守った。娘の強硬意見に苦笑しながら、みんなの分ということで母が焼いてくれた特別に大きな鶏はすばらしくおいしかった。

私が子どもだった頃まで、お客料理や特別のときはともかくとして、ふだんの食事はいまとくらべればずっとつつましいものだった。子どもの体が変る時期の二、三年を選んで、月に何回かこうしたおやつを食べさせてくれるのは栄養学的に言っても大きな意義があったと思う。が、台湾の人々の暮らしも昨今ではご多分に洩れず、食べすぎ、栄養過多の気味がある。わざわざこんなおやつを食べさせる必要はないだろうし、おそらくこの風習も、もうなくなっているかもしれない。

甘いものはめったに出なかったけれど、おやつにお菓子を食べなかったわけではない。いまとちがって洋菓子の種類は多くなく、母や姉が作ってくれるホットケーキやシュークリーム、それにドーナッツとカステラぐらい。日本で中国菓子の代表のように思われている月餅《げっぺい》は、中国では仲秋の十五夜のときだけのお菓子で旧暦八月にならないと売り出されないものだが、月餅ではないがそれによく似たあんこの入ったお菓子がいくつかあった。中国のあんこは、日本で言うあんこをもう一度ラードで炒めて保存がきくようにしてあって、独得の風味がある。

それから名前を思い出せないのが、お米をポンとふくらませたお菓子。思い出せないと言うより名前があったかどうかも確かでないようで、お米をポン！　と言い慣わしていたような気がするが、お米をポンとふくらませて、日本の揚げせんべいをもっとふわっとやわらかくしたようなものを熱い飴《あめ》に転がしてからめたもの。飴にくるまれた中身のやわらかくてサクッとした歯ざわりがとても好きだった。町にこれの作りたてを売っている店があって、たまに母の許しをもらって買いに行った。この店ではほかにらくがんも売っていて、こちらも今朝炒《い》った豆で作るできたてのもの。日本のらくがんのように日持ちさせて食べるのではなく、炒りたての豆の香ばしさを味わうお菓子である。

豆を使った甘いものといえば忘れられないのが豆花《トウホア》である。ちょうど午後のおやつ時分に、天秤棒を担いで売りにくる。前と後ろに下げた桶はなにか保温の仕掛けがしてあった。底に炭火を入れる二重構造にでもなっていたのだろうか、中身はいつもほかほかしていて、蓋をとるとふわっと温かないい匂いがする。デザート用の豆腐といってもいいようなもので、白くとろりとして豆腐よりずっとやわらかい。おたまですくって皿にとり、蜂蜜とザラメを煮たような蜜をからませて食べる。作り方は、たぶん豆腐とほとんど同じなのだろうと思う。ただ、いま作っても、あの頃と同じ素朴で滋養たっぷりの味が出るものかどうか。材料の大豆そのものが昔とちがってしまって、大豆らしい大豆と言うか、ほんとうの豆のおいしさが失われているようだから。

豆花だけでなくいろいろなおやつが保温仕掛けの桶に担がれて町を通った。アーモンドの粉を溶いて温かく沸かした甘い飲みものがある。タピオカがある。炒り米の粉で作る米乳《ミールー》がある。

茶色いどろどろした米乳は麦こがしとはまたちがった、香ばしい米の風味がする飲みものであり、タピオカはキャッサバの根からとる澱粉で、これをちょうど真珠玉くらいに丸めたホールタイプを煮たもの。透きとおってつるつるする粒々に蜜をかけて食べる。いまだったらきっと冷たくひやして食べたと思うが、その頃私たちは夏でも温かなものを食べていた。電気冷蔵庫のない時代である、全体にものを冷たくして食べるということはあまりなかった。衛生面から考えても、天秤棒を担いで売り歩くにはあつあつのもののほうがよかったのだろうし、食べるほうもそういうものだと思って食べていたのである。

トウホア（豆花）とかミールー（米乳）というのはいわゆる北京語の音で、私が生まれた台湾ではタウフェ、ビーニーとなる。

「タウフェ、タウフェ」

「ビーニー、ビーニー」

町を通る売り屋の声が聞こえると、なんだかじっとしていられない。

「ねえ、いいでしょ、食べたいなあ」

どれもこれも、うちの台所で作ってもらえるものだったが、やっぱり町の売り屋から買って食べてみたい。売り声につられて母にねだると、何回かに一回は、

「そうねえ、たまにはみんなで頂きましょうか」

とお許しがでて、さっそくだれかが鍋をもって買いに行く。しかしほんとうは、こういうものはそのまま道端で食べるものなのである。

天秤棒には桶のほかに、竹で編んだ小さな低い腰かけが十個ぐらいくくりつけられていて、商売になりそうな町角に桶を下してまわりに腰かけを並べておくと、

「一杯もらおうか」

と、声を聞きつけて人が寄ってくる。近所の家から出てきた人や通りすがりの人がかわるがわる腰かけに坐って湯気のたつお椀をすすっている。路上に人だかりして食べているようすはなんともおいしそうで、羨ましくてならなかったが、外で食べるのはさすがに固く禁じられていて、私たちは鍋で買ってきたものをとりわけてもらい、家の中でおとなしく食べるほかなかった。売り屋はひとわたり商売がすむとまた天秤棒を担いで、

「ビーニー、ビーニー」

と次の町角へ移っていく。日本のおでんやラーメンの屋台が夕方から夜にかけての風物なのに対し、こちらは昼間。もっぱら男たちを相手にする日本の屋台にはグチやら溜

息やら、人生の哀愁が漂うが、台南の売り屋にはそんな影はない。男も女も、大人も子どもも、小さな竹の椅子にペタンとしゃがむように腰かけて、おやつのひとときを楽しんでいく。大の男が昼間の町角で甘いおやつを食べる光景など、日本ではちょっと考えられないことかもしれないが、台湾の南の町、台南市の明るい青空の下を流れる売り声はのんびりしたものだったし、町には細かいことにくよくよしない南国特有のおおらかな気分が漂っていて、家庭の食事から市場の一膳めし屋、町角の甘い点心まで、それぞれの味を楽しもうという人びとが暮らしていた。

私が四、五歳の頃まで私たち一家は台南市の中心街に住んでいた。その家は父の会社も兼ねた大きなビルだったが、私たちの住居は二階にあり、台所の窓が狭い裏通りに面していて、窓の下をこうした物売りが続々と通った。朝いちばんに通るのはジャスミンの花売り娘。台南の婦人たちは朝、髪を結うとかならずジャスミンの花を買って髷《まげ》にさした。花は一日で萎れてしまうから、毎朝、花売り娘が戸口に立つ。この花売りだけが女の仕事で、ほかの物売りはすべて男である。花売り娘が通ったあと、しじみの醤油漬《しょうゆづけ》売《う》りが通る。朝採りの貝をさっとゆでた売り屋が通る。漬けもの屋が通る。日本でも戦前には、朝はやい頃に納豆売りが通ったそうだから、ちょうどそんな感じなのかもしれない。どれもみんな朝の食卓に並ぶものである。

お午《ひる》になるとビーフンのスープ、猪血《ツーシュエ》が入った野菜スープ、何種類もの雑炊、お粥《かゆ》など、手軽な昼食を担いだ売り屋が通る。午後にはおやつの甘い点心。夜は夜で肉饅頭屋、果物屋。果物屋は天秤棒の両端に氷を入れたガラスケースを下げて、デザート用に何種類か盛り合せた皿が並んでいる。杏仁豆腐のデザートも売りにきて、近所の家々から一皿下さい、二皿下さいと買いに出る人がいた。台所の窓につかまって下を通る物売りを眺めていると、一日飽きない。小さなころから台所が好きでなにかにつけて入り浸っていた私は、ほんとうに一日中、下を眺めて過したこともあった。

夜が更けて人通りの途絶えた町をまだ通る物売りがある。酒飲みのためのオードブル一式を揃えて売り歩くのである。ローストチキン、鮫肉の煮たもの、ゆでかに、肉団子……そんなものがあったそうである。子どもの私はもうとっくに寝かされていて知らないことだったが、わが家はこの深夜の物売りのお得意だったらしい。夜遅くまで仕事をしていた父が、調べものや書きものが一段落したところで家族を集めて、一時間ぐらい、飲んだり食べたりのくつろいだ時間を過したのだという。コックはもう帰ったし、台所方の女たちももう下っている時間だったから、最後の仕事が終るまで父についていた秘書の男の人が夜の通りに出て何品か買い揃えてくる。その頃、おそらく新婚だったらし

い兄嫁の話で、

「あれはちょっと辛《つら》かったわね。十一時ごろかしら。そろそろ寝ましょうかというころ、秘書の人がノックしに来るの。お父さまが書斎で、ちょっと召上りませんかと言ってお待ちです、って」

姉もそばから、

「いま考えればずいぶん贅沢な話だけれど、ともかく眠かったもの。でもお父さまはご機嫌だったわね、一日の終りにみんなの顔を揃えて、おいしいものを食べさせるんだから」

みそっかすのチビさんで、その席に呼んでもらえなかった私は、話を聞くたびにごちそうの幻がちらちらしてくる。そしてみんなの迷惑顔にはお構いなしに、家族を集めてご満悦の父のうれしそうな顔も。一度くらい、私を呼んでくれてもよかったのに。

台所の窓にはいつも大きな籠がぶら下げてあった。いちいち表に出ないで、下を通る物売りから買い物をするためである。呼びとめてお金と容れ物を籠で下して、豆花やタピオカを入れてもらう。鍋いっぱいのやわらかな豆花をこぼさないように上まであげるのはひと苦労で、ばあやが真剣な顔付きでそろそろと少しずつ紐をひっぱるのがおもしろくてたまらない。物売りが通るたびに、

「買おうよ、買おうよ」
　とせがんだ。みんなに邪魔にされながら、しょっちゅう台所に入り込んで遊んでいると、ときどきは母に内緒で、台所の人たちが食べるおやつのお相伴にあずかることもある。とくにかわいがってくれた阿錦婆《アキン》やは、籠のあげ下しを私があんまり喜ぶものだから、自分の財布から豆花や米乳を買って私に食べさせてくれた。私が五つか六つになった頃、私たちは安閑園と名付けた郊外の屋敷に引越した。安閑園に移ってからは物売りの声も遠くなってしまったが、それでもたまにはやっぱり食べたくて、旺盛がお使いに行ったり、運転手の林《リン》さんが黒塗りの自家用車の座席にお鍋を乗せて町まで買いに行くのだった。

　午後の陽も少し傾いてきた。お茶のポットや果物の皿もだいぶ空になってきたようだ。いままでにどれだけの縁組みをまとめた、その夫婦はどこもとても幸福に暮らしている、といった宝石売りのおばあさんの自慢話はいつ終るともなくつづいている。母は縫いものの手を動かしながら相槌《あいづち》をうっている。兄嫁や姉たちの宝石選びはどうやら片がつくらしい。あとはどうやって母や夫たちにねだるかの算段を、それぞれの胸のなかではじめている。めずらしく早く帰宅した父が廊下を通りかかって、ベランダにおばあさんの姿をみつけると、お楽しみをお邪魔して申し訳ないといったふうな、バツのわるそうな顔をしてそそくさと立ち去った。父も帰ってきたことだし、女、子どもの午後のティータイムはそろそろ切りあげどきである。

おばあさんは話の結末をつけるために大いそぎでしゃべりながら、テーブルの上にひろげたままになっている赤い紙や宝石をしまっていった。ティーカップやお皿の間から宝石を拾いあげて、順々に引出しに入れるだけである。ひとつひとつ調べもしなければ数の点検もしない。よくあれでまちがいがないものだと思うくらい、口は口で話をつづけ、手だけが動いて引出しに納めていく。長い話のところどころを端折りながら、ようやく結着がついたときには、宝石箱は元通り、きちんとしまわれているのである。手品でもみるような早業に、あっけにとられている私の前で、大きなお尻をよっこらしょとあげて、

「お嬢ちゃんにもはやく、いいお婿さんを探してきましょうね。それではみなさん、ごきげんよう」

きたときと同じように、大きな箱によろよろしながら、ヒールの音をさせて帰っていくのだった。

おばあさんたちが宝石と一緒に縁談を持ち歩いたのは、いつごろまでだったのだろう。

戦争が終って、のんびりした時代はいつか遠い過去になっていた。ようやく年ごろになった私の名前を赤い紙に書いてくれる人はもういなかった。おばあさんの赤い紙に名前のあった人たちは幸福な結婚をしたのだろうか。

姜味烤鶏《チヤンウエイカオチー》の作り方

思春期を迎える子どもの体力作りを考えてか、ひとりに丸ごと一羽食べさせた生姜たっぷりの焼鶏。オーブンで焼いてしまえば簡単ですが、ここでは昔風に中華鍋でする焼き方をご紹介します。ただし、火は藁というわけにはいかないのでガスを使って結構です。

材料　鶏一羽（二キロぐらいのもの）　生姜五百グラム　塩二カップ

1　大さじ二〜三の塩を鶏の内側にも外にもまんべんなくすりこんでおく。
2　生姜はきれいに洗って、皮をつけたまま薄切りにし、まず鶏の腹の中にいっぱいに詰める。

3　中華鍋の底に残りの塩を敷きつめ、網を渡して鶏をのせ、残った生姜をペタペタと、鶏の皮が見えなくなるほど貼りつける。

4　厚い蓋をかぶせて弱火で二時間、ゆっくりと蒸し焼きにする。

塩と生姜だけのごくシンプルなものですから、鶏自体がおいしいいい鶏であることが肝心です。塩もできればあら塩を用意して下さい。生姜はごく薄く切らないと、うまく鶏に貼りつきません。

鍋の底に塩を大量に敷くのはおそらく、鶏の油がたれ落ちたりしたとき、そこから塩分を含んだ蒸気（のようなもの）が立ちのぼって、鶏をよりおいしくするという知恵なのでしょう。

2　父の誕生日

夜中の十二時まで起きているということが、子どもの頃には、どうしてあんなに大変だったのだろう。九時、十時には、遅くまで起きていていいのがうれしくてはしゃぎまわっているが、十一時をすぎるあたりから、思わずこっくりしそうになるのをがまんして、必死になって時計の針をみつめている。ふだんだったら、はやばやと寝室に追いやられて、とっくに眠っている時刻である。

一年に二度、わが家では、子どもが夜中まで起きていてもいい日があった。ひとつは大晦日《おおみそか》の年越しの晩で、この夜は日本の子どもも、除夜の鐘を聞こうとがんばって起きているが、私の生まれた地方ではもうひとつ、家長の誕生日の前夜がそういう日だった。

中国では家長の誕生日を盛大に祝う習慣があり、その日は、独立して一家を構えた息子たちや嫁いだ娘たちもお祝いに帰ってくる。どんなに遠く離れて暮らしていても、中国人はこの日、実家に帰って、家族そろって父親の健康と長寿を祝い、これからの一家の繁栄を祈願するのである。家長の誕生日を祝う行事は、当日の午前零時に、仏壇の礼拝から始まる。

ごく小さかった時分は別として、ものごころつくようになれば、いったん眠っていても夜中に起されて仏間につれて行かれた。小学生になる頃には、

「きっと起きていてみせるから」

と、こころの中で固く決意する。

「眠いんじゃない？」

「もう寝てもいいよ」

などとからかう大人には、いっそう目をしっかりあけて対抗しなければならない。真夜中が近づくと女たちはお風呂に入る。身体のすみずみまで洗い清めて穢《けが》れを落し、髪の毛も洗って真新しい服に着替え、匂いのいいジャスミンの花を髪にさした。やがて十二時、いや、もう当日の午前零時、父をのぞいた家族全員が仏間に集まってくる。仏間は電灯を消してろうそくがともされ、あかあかと燃える火にたくさんの花や果物が照り映えていた。そしてこの夜、女たちが身につけた宝石類のすばらしかったことといったらなかった。中国では宝石をとても大切なものと考えているから、母親は娘たちに、家宝といってもいいような宝石類を、代々伝えていく。そして家長の誕生日のような大事な日には、これらの装身具を身につけて大盛装するのである。兄嫁たちはそれぞれに実家からもらってきた宝石を飾り、母も姉たちもとっておきのものをつけた。仏壇のろう

そくの明りと、ネックレスやらイヤリング、指輪などの輝きで、仏間は光があふれているようだった。大きくなったら私もあんなものをつけるのだろうか。あこがれと不思議の思いで胸がわくわくした。

仏壇の前の赤い絹ばりの台にひざまずいた母が低い声でお経をあげ、私たちはめいめい、赤い小さな座布団にひざをついて、神さま、仏さま、ご先祖さまにお祈りを捧げる。父のこれまでの無事を感謝し、これからもどうぞ見守って下さいと、母に教わったとおりの言葉をこころの中で唱えるのだ。深夜に、大人に混ってお詣りしていると、しらずしらず敬虔な気持ちになってくる。自分でも急に大人になったような気がしてうれしかった。熱心にお祈りしたあと、ろうそくを消してお供えものを下げ、軽い夜食のおそばを食べたりしていると、時計はもう二時をまわっていた。

翌朝はいつもどおり起きる。身仕度をして食堂で朝ご飯をすませるとまもなく、

「お父さまが仏間にお入りになりましたよ」

「もう坐っていらっしゃいますよ」

と誰かが知らせて歩く。この声を聞いたら、大急ぎで仏間に集まらなければならない。たとえ食事の途中でも、なにかをしかけていても、すぐ、その手を休めて仏間へ行くのである。仏間は朝早くに、すがすがしく拭き清められて、新しい花と果物があげられて

いた。毎朝の習慣どおり、朝起きると一人きりで仏間にこもって、長いことお祈りした父は、自分の部屋で朝食をすませると、この日はあらためてまた仏間に入った。

仏壇を背にした大きな黒檀の椅子に、赤い絹の布を敷いて父がすわり、そばに母が立っている。仏間に集まった家族は年長の者から父の前に行って、赤い絹ばりの台にひざまずいてお祝いの言葉を述べる。長兄夫婦、長女夫婦から始まって、兄たち、姉たちがそれぞれ夫婦でつづき、やがて私、妹、甥、姪たちへと順番が進む。最後はいちばん小さい赤ん坊が母親に抱かれて出て、母親がかわって祝辞を言うことになる。

お祝いの言葉は、韻《いん》をふんだ美しい詩のような言葉でなければならない。小さかった頃は、母に教わった言葉を暗記して、そのとおりに言っていたが、自分で文章が作れるような年齢になると、いっしょうけんめい、頭をひねって考えた。子どもにとって、これはなかなかの大仕事で、楽しい父の誕生日の最大の難関だった。家族のなかでも詩文の才能のある人は、何日も前から準備して練りあげた、見事な祝辞を捧げる。大陸に嫁いでいた二番めの姉が、きょうだいのなかではいちばん、文学的才能があったと思う。文章もじょうずだし、ロマンティックな詩をよく書いていて、父の誕生日には、いつも耳にこころよく響く、美しい言葉をつらねていたようだ。それにひきかえ、文章表現が得意とは言えなかった私は、あまり凝らず、

「お父さま、おめでとうございます。これからもどうぞお元気で」

といった内容を、ごくあっさりまとめることにしていた。しかしとにかく、この言葉が自分で作れるようになれば、

「そろそろ一人前になってきたのだな」

と、家族に認めてもらえるというわけである。

家族からの祝辞に対して、父は一人一人に祝福の言葉をかえし、小さな赤い袋に入ったお金をくれる。

「誰からも好かれる女の子になりなさい」

「おまえはからだが弱いから、気をつけて大事にするように」

と言うようなことが、たいてい私には言われた。赤いいろがみをたたんで作った袋は「紅包《ホンパオ》」といい、いまの金額でいえば、小学生で二、三千円、中学、高校の頃で四、五千円くらいだったろうか。小さく折ったお札が、何枚か入っていた。すでに壮年に達していて、それぞれに会社の「社長さん」だった兄たちの紅包が、いくら入っていたかはわからない。ただ、これは一種の儀式で、私の生まれた国では、子どもというものはいくつになっても、家長である父親から、祝福といっしょに、赤い袋のお金をもらうものなのである。日本のお年玉と同じように、小さい子にとってはとても楽しみなものだっ

たが、実際には、当時、お金をもらっても使いみちがなくて、私は、

「預かってね」

と、すぐ母に渡した。

母は、家族が順々に祝辞を述べて赤い袋をもらうのを、父のかたわらでずっと見守っている。中国の夫婦の間柄では、母は父に対して、ひざまずくことはないし、赤い袋のお金をもらうこともないが、そのかわりに、母には特別のプレゼントがあった。父は毎年、新しい指輪やブレスレットなどを贈って母の労をねぎらい、かならず自分で母の手にはめるのだった。

仏間での祝辞が終ると、子どもたちは大いそぎで学校へ行く。会社を経営する兄たちはやむをえない用たしで、ちょっと外出することがあっても、仕事の都合をつけてこの日はだいたい家にいるようにしていた。家にいる家族は、これからお祝いのおそばを食べる。

父の誕生日にはつきもののこのそばは、色とりどりの具がたくさん入った、豊かな気分のあんかけそばである。家内安全と長寿の願いをこめて「什錦《スーチン》全家福《チユエンチヤフー》大麵《タアミエン》」と名付けられて、私の家では年越しのそばもこれだった。干しえび、豚肉、椎茸、筍《たけのこ》と大

根や人参も入ったスープにとろみをつけておいて、溶き卵を入れてふたをする。鍋の余熱で、卵がちょうどいいやわらかさになったところをさっと混ぜるのが、このあんの特徴である。あんのでき上りを見計らってそばをゆで、ゆでたてのあつあつに、あんをからめて食べるのがいちばんおいしい。

おそばのあと、蓮の実の煮たもの、ピーナッツで作ったいろいろなデザート、タロ芋のカスタードクリーム風、くわいで作るお餅など、何種類もの甘い点心が運ばれてくる。どれもとてもおいしいものだが、気をつけなければいけないのは、けっして食べすぎないこと。休む間もなくすぐお昼になって、夜は夜で大パーティが催されるのである。うっかりすると一日中、食べつづけということになってしまう。

お昼の食卓には、豚足とそうめんのスープ「猪脚湯《ツーチヤオタン》」がかならず出た。中国では肉体の衰えの予防に、動物の同じ部位を食べるのがいいとされていて、齢をとると足から弱ってくるから、豚足を食べて老化を防ごうと言うのである。アイゼンハウアー大統領の夫人が老齢の大統領につとめてオックステール料理を作って食べさせたという話を私たちは聞かされたが、「足の老化予防に豚足」説はともかくとしても、一般にゼラチン質の食べものが老化予防にいいのはほんとうのようだ。

東京で売っている豚足はほとんど足の爪先だけのことが多いが、台湾では先端は切落されていて、すね一本で売っている。これを輪切りにして、たっぷりの酒と塩味で、土鍋でやわらかく煮込む。やわらかくなったところにそうめんを入れて食べるのだが、これがなかなか大変なそうめんで、はじめての人はからかわれていると思って怒り出すかもしれない。そうめんそのものは日本のものと変りないが、長さがちがうのだ。日本のように短く切りそろえてなく、めんを打って干しあげたときそのままの長さなのである。ふだんは短くちぎってゆでるが、誕生日には長寿を祈る意味で、特別に長いままを使うことになっていた。ゆでるのも大変だが、大きな鉢で食卓に出たものをめいめいにとり分けるのがひと苦労だ。椅子に坐ったままではどうしようもないので、まず立ち上らなければならない。さらに、自分一人では手におえなくて、まわりの何人かが手伝うことになる。ひとつの食べものに何人もが箸を出すのは行儀の悪いことだが、このときばかりはご免蒙《めんこうむ》って、大勢でよってたかってひきずり出すのである。箸でつまむのはほんの二、三本。でも、長々とひっぱり出してくると一人分にはそれで十分だった。みんながとり分けるまで、食卓は大さわぎだ。しかし、あっさりした塩味で煮込んだ豚足の骨のまわりのとろけそうなゼラチンとそうめんのつるつるした舌ざわりがなんともいえず、誕生日には欠かせない料理だった。

父の晩年になると、お昼によく「糖醋猪脳《タンツーツーナオ》」が出た。豚の脳みそ料理である。年寄りになると頭の働きが鈍るのが心配だから、足に加えて脳みそを食べようと言うわけである。豚の脳は手のひらにのるほどの大きさで、薄い膜に包まれている。上手にとり出された脳が届けられると、傷つけないように注意しながら、竹串を使って巻きとるように、ていねいに薄膜をはいでいく。薄膜の下はやわらかな乳白色で、ところどころに赤い血管がみえてなかなかきれいなものである。脳はいくつかの部分が組合わさってできているもので、膜をはぐと組合わせがゆるんではずれやすくなる。丸ごと蒸しあげるときは、ばらばらにならないようにそっと持ちあげて蒸し器に入れるが、「糖醋猪脳」は、脳みそを油で揚げて甘酢あんで食べる料理なので、組合わさった部分を静かにはずし、食べやすい大きさに包丁を入れた。ひとつの塊はだいたい六つくらいに切りわける。これに衣をつけて揚げるのだが、大変やわらかいものなので細心の注意を要する仕事である。豆腐と言うより、魚の白子を考えてもらうほうが、より似ていると思う。美しい乳白色は火を通しても変らない。濃厚な味わいは、較べるのもどうかと思うが、私に言わせればキャビアよりずっとおいしい。外側の衣はきつね色にカリッと揚がり、なかは真白くてトロリとしている。甘酢あんを、品よく薄くからめて食べる、とびきり上等のごちそうである。

日本では豚の脳を手に入れるのがむずかしく、脳みそ料理を作るのはほとんどあきらめていた。脳をとり出してくれる業者も少ないし、フランス料理店からの注文品しか扱わないらしくて、私のような個人の手にはなかなか入らないのである。しかし最近になってやっと、このルートの手がかりがつかめたので、東京の私の家でも、脳みそ料理を食べることができそうだと楽しみにしている。

朝からのお祝いの行事に押されて、誕生日の昼食はおくれがちである。おそい昼食をすませると休む間もなく、夜のパーティの準備にかからなければならない。中国人にとって時間というのは融通《ゆうずう》無礙《むげ》のものらしく、「六時においで下さい」と招待状を出すと、はやい人は四時すぎにはもうやってくる。パーティの前に、お茶を飲んでゆっくりおしゃべりしようというわけだ。おそい方は六時半、七時になっても姿を見せない。二度、三度と電話で催促し、迎えの人力車を出し、自動車を出してやっと腰をあげてもらう。来る気がないのではなく、「三顧の礼」をとってはじめて招きに応じるという習慣が身についた人たちなのである。

パーティには、親戚をはじめ大ぜいの友人、知人を招待した。父は交友範囲の広い人だったので、お客さまの数は百人から、ときには二百人にもなった。こうなると、母やうちのコックがどれだけ料理上手でもとてもまにあわない。そこで懇意にしている町の料理屋に応援をたのむことになる。ある年には、今回は目先をかえて、料理をお精進にしようと、精進料理が名物のお寺の尼さんたちにきてもらったこともあった。

旧暦一月九日の父の誕生日は、台南あたりでは、もうそんなに寒いということもない時分である。お天気さえよければ、宴席はたいがい、庭に用意された。十人から十二人ぐらい坐れる丸テーブルが、百人の宴会ならば十卓ほど並べられる。真白いテーブルクロスをかけて人数分の箸や皿をセットし、一人にひとつずつ、小さな盛花を飾っておく。小輪のばらや小菊に緑の葉っぱをあしらったかわいらしいもので、これを作るのは子どもたちの仕事である。バナナの茎を輪切りにしたものに、丈をつめた草花を自分なりにとり合わせてさしていく。いまならばフラワーアレンジメントとでも言うのだろうか。バナナの茎はちょうどスポンジのようにたっぷり水分を含んでいて、こういう用途にぴったりだった。株元をきれいな布でつつんででき上る。学校から帰ってくると、下働きのお手伝いといっしょになってせっせと作った。

お客さまの到来時刻が近づくと家の者たちは、役割にしたがってそれぞれの持ち場につく。門に立って、

「誰それさまがおみえになりました」

と大音声で呼ばわる者、その声を聞いて、家族のいる部屋に知らせに走る者、乗りも

のの誘導係、荷物の係、台所との連絡係、等々。ふだん家にいる人数だけではたりないので、パーティをするときはいつも、家で働いている者の身内のなかから、気の利いた若い人に手伝いをたのむことになっていた。いずれ父母やおじ、おばにかわって、わが家で働いてくれることになる若者たちである。お客さまの到着が知らされるたびに、父母か兄夫婦が車寄せまで出迎える。私たち子どもも、お客さまのお相手ができる年頃になると兄嫁や姉にまじって、開宴までのはなし相手や、庭園の案内をつとめた。

「三顧の礼」をとって迎えたお客さまがやっと到着して、パーティがはじまるのが、はやくて七時。ときには七時半になることもある。お客さまが集まるだけで、三時間はたっぷりかかると思わなくてはならない。

昔はビュッフェスタイルというものはなくて、宴会といえば着席形式のものにきまっていたが、中国人のパーティはじつに賑やかなもので、テーブルにじっと坐っている人はいない。ガーデンパーティの場合はとくに、テーブルの間をいったりきたり自由に歩きまわって交歓する。

「十分間だけ、席を替ってくれませんか」

と声をかけて、次々とテーブルを渡り歩く社交家もいた。

パーティの献立は、コックと母が何日もかかって考え出したものである。その年ごとに工夫を凝らしたメニューは、お客さま方に好評で、いま考えても、辛家のパーティはいつも大成功だったと、私は思っている。フルコースの料理はそのつど変るが、いつもかならずあるのは、「什錦全家福大麵《スーチンチュエンチャフータアミエン》」と「寿桃《スオウタウ》」。「什錦全家福大麵」は、この日は昼前にも食べたお祝いごとにはつきもののそばである。桃の形をした「寿桃」は、緑の葉もついた薄桃色の小さなお饅頭で、コースの最後に出る甘いデザート。その昔、仙人たちがこれを食べて長生きしたという、伝説の果物「仙桃」にちなんだこのお饅頭が、誕生日のごちそうのしめくくりだった。とりたてて変った味のものではないが、ふつうのお饅頭とはどことなくちがって、とてもおいしいもののように思えた。

　宴は果て、大半のお客さまは帰っていく。しかし、まだまだこれからという居残り組が家のなかにも庭にも大勢いた。何時間はなしてもしゃべりたりないおばさま方、ピアノを囲んで歌う音楽組、ジャラジャラとパイの音を響かせるマージャン組があちこちに分れて、にぎわいは夜更けまでつづくのである。

　パーティのあとのマージャンといえばたいていは徹夜で、陽が昇るまでというのが通例なのだが、おかしなことに私の家の者でこれに付合うのはほとんどいない。中国人にしては珍しく父がマージャンをしない人で、子どもたちにもべつに禁じたわけでもないのに三人の兄も誰もこのゲームをしなかった。たった一人の例外が母で、しとやかでつつましやかで、何事も父の陰に回るようにしていた母が、マージャンだけは別らしく、父が寝室に引取ったあとも客間に残って卓を囲んでいた。

音楽組に混じって遅くまで遊んだ私たち姉妹が、そろそろお開きにしようと引揚げてくると、マージャン組はまだ何組もがパイをかきまわして、こちらはやっと佳境に入ったばかりという具合である。

「お母さま、お先に」

通りすがりに声をかけると、

「あら、もうこんな時間？　早くお寝みなさいね。……こちらはまだだわね。もうちょっと、もうちょっとね」

いつもとはだいぶちがった、いたずらっぽい顔で笑っている。日頃は白とかグレイとか、くすんだ青とかの、麻か木綿の簡素なものしか着ない母だったが、パーティの夜はさすがに光沢のあるしなやかなドレスを着て、母ながら見とれるほどに美しい。マージャンテーブルの下で脚を組むと、中国服の裾から小さめの形のいい足がこぼれ出て眩《まぶ》しかった。ふだんの母とはちがう母がそこにいるようだった。

小さい頃、母がマージャンをするというと、なにか母が変ってしまうようでいやだった覚えがある。マージャンというゲームにはそれだけ人を惹きこむ魅力があるのだろうが、子どもの頃の淋しさのせいもあって、いまでも私はマージャンはあまり好まない。

ともあれ、マージャンパーティは必ず夜通しつづき、翌朝、お早ようと起きて行くと、お客さま方がちょうど帰るところで、ひと晩中、待たせてあった自動車が、やっと門から走り出て行くのだった。母はいちはやくパーティドレスを脱ぎ捨てて、こざっぱりしたふだん着に着がえ、徹夜の疲れも見せずに、たったいま起きたばかりといったさわやかな笑顔で、朝の仕事を始める。いつもと変らない軽やかな足どりで庭に出て、それが朝いちばんの習慣の、花畑と野菜畑の見回りに行くのだった。


私が育ったのは、安閑園と名付けられた豊かな緑に囲まれた美しい屋敷だった。広大な敷地に、私たちが住む家とすでに結婚していた兄たちの家が歩いて四、五分の距離に散らばっており、門から車寄せまでの前庭は築山と池を中心に大きな石組みをいくつも配して、滝もあれば噴水もあるという、趣きのある美しい庭園だった。東屋《あずまや》の周辺は母の丹精の蘭とばらの花畑であり、青々とした芝生の丘のむこうには、熱帯の樹々が繁茂するジャングルめいた一画もあった。

均整のとれた静かな前庭とは対照的に、家の裏側はまるで農家と見紛うような野菜畑がひろがる。豚や鶏、七面鳥の飼育場が作られていて、馬小屋からは時折、かん高い馬のいななきが聞こえ、果樹の林や竹藪ごしに、庭師や車夫や作男たちが住む小さな家々が見え隠れしていた。

ここはもともと、辛家の郊外の別邸だったものを、庭いじりの好きな父が何年もかけて手を入れさせ、私が五、六歳の頃に、それまで住んでいた町の中心部の住まいから移ってきたのだった。父はいくつもの会社を経営するかたわら政治に関係し、学校教育にも力を注ぐという大変に忙しい人だったが、町なかに住んでいた頃は、小さな私をつれて安閑園の庭に来るのを週末ごとの楽しみにしていた。庭園を見回って庭師と何事か相談したり、七面鳥の卵をとって卵料理を作ったりする静かな休日もあれば、クレーン車を持ち込んで大きな石をあっちへ運びこっちに動かすという大騒動のときもあった。

ふだんは黒塗りの自動車で仕事に出かける父がこのときばかりは、お抱え車夫の旺盛《ワンツン》に人力車をいいつけて、私を膝に抱きかかえ、郊外の道をガタガタと揺られて安閑園に行くのである。たまの休日ののんびりした気分には、悠長な昔ながらの乗りものが似つかわしかったのだろう。抱かれた私は、父の膝にかけた毛布が、うっかりすると顎《あご》のあたりまでかぶさってきて、暑苦しさに半泣きの格好だった。膝かけ毛布は人力車にはつきもののものらしく、台南あたりの陽気のいい時候でも、なぜか必ずすっぽりと膝を包んだものである。父が庭師たちになにやら指図しているかたわらで、私はジャングルを探検したり、池の鯉を呼んだりして遊んだ。

旺盛が黙々と曳く車に揺られて何年か通っているうちに、おそらく父の気に入ったように庭が仕上ったのだろう、私たち一家は、当時、大家長である父のもとで同じ屋根の下に暮らしていた三人の兄たちの家族ともども、二十人を越す大家族で、安閑園の家に引き移った。やがて兄たちのところにも次々と子どもが生まれて、兄二人は同じ敷地内に別宅を構えることになる。美しい前庭と活気にみちた裏庭のあるこの家で、大ぜいの家族とともに過した少女時代を思うと、私はいまでも幸福で胸が温かくなる。

実業家であり、教育者であり政治家でもあった父は、いかにも大家族を率いる家長らしい人格の大きさを感じさせずにはおかない人だったが、その父と、やさしくこまやかで、それでいて子どもの躾《しつけ》には厳しかった母、年嵩《としかさ》の姉たちとすぐ下の妹、それに仲睦まじい兄夫婦と小さな甥や姪がいて、そして家にはいつも、主家思いの誠実な使用人たちがいた。

コックの大水《タアスイ》おじさんはお伽話が上手で力持ち。小太りでコロコロしていた運転手の林《リン》さん。車夫の旺盛はやせっぽち。若い女の子の手伝いは何年かいては結婚して次々と入れ替るが、年とった婆やたちはこの家に根でも生えているかのような顔をしていた。

阿英《アイン》おばさんは私が生まれるずっと前に、若い未亡人になって子ども連れで来たという人で、その娘さんも年頃になってこの家からお嫁に行った。阿英の名前は英国というのだが、中国では「阿」をつけるのが日本の誰それさん、あるいは何々ちゃんという愛称で、私たちは「阿英」と呼んでいたのである。誰もそれぞれに働き者の人たちだが、阿英の働きぶりはことに朝が目覚しかった。

私の家の朝食は、白いお粥にしじみの醬油漬、焼魚、卵焼き、青菜の炒めもの、それに腐乳《フールー》とお茶と果物というようなもので、私は腐乳をお粥にまぜて食べるのがとくに好きだった。広東のお粥は鶏のスープでたくが、私たちは日本のお粥と同じ、白粥を食べていた。中国でも、ほかにおかずのあるときは、白いお粥を食べることのほうが多い。腐乳は、豆腐から作る、ちょうどチーズのようなものである。学校に行く子どもたちと会社に行く兄たちとでは、食事の時間もまちまちで、仕度のできた者が食堂でめいめいにすませて出かけるのだが、父だけは朝は食堂に来ない。朝起きて仏間を礼拝すると父はそのまま書斎に入り、書類を持って出勤してきた秘書を相手に、もう仕事をはじめているのである。書類調べや印鑑押しが一段落ついたところが父の朝ご飯の時間だった。

阿英の役目は書斎に朝食の盆を運んで行くことだったが、仕事に入って気むずかしい顔をした父はお盆を運ぶタイミングがちょっとでもずれると、

「いまダメ！」

と追い返してしまう。一回ですんなりいくことはまずなくて、毎朝、二度、三度と、そのたびに温め直して持って行かなければならなかった。

午前中は生臭さものを避け、お精進の習慣を守っていた父の朝食は、私たちとはちがって、白いお粥に椎茸と湯葉の含め煮、青菜の炒めもの、湯葉を少しぴりっとした味付けの佃煮にしたものというようなごく簡素なもので、それに朝もぎの果物をたっぷりと炒りたてのピーナッツが添えてある。ピーナッツは父の朝食に欠かせないもので、食事の合間合間にも食べ、そしてこれで朝食終了というときには、形のいいピーナッツを七つ揃えて手のひらにのせ、一度にぱっと口の中に放りこむのだった。西洋のラッキーセブンではないが、中国にも「七成八敗」という言葉があって、父はこれにあやかってピーナッツで一日の縁起をかついでいたらしい。

七つのピーナッツに辿りつくまでに、阿英は毎朝何度、お盆を持って台所と書斎を往復したことだろう。何べん行ってもタイミングがあわず、阿英はすっかり自信をなくして、父のお気に入りの女性秘書に頼んで持っていってもらう日もある。父が自分の娘のようにかわいがっていた秘書の阿秀《アシュウ》が運んで行っても、ついに「食べよう」ということにならなくて、手つかずのお盆が下って来たこともあった。

ある朝、阿英が台所の隅でさめざめと泣いていた。

「阿英、どうしたの？」

「今朝はとうとう、旦那さまはお食事をなさらないでお出かけになってしまった。あんなにお忙しい方なのに、朝ご飯をあがらないなんていけません。いまに体をこわしておしまいになるよ」

阿英は、なんとかして父にきちんと食事をさせようと、一所懸命だったのだ。

ところがこのとき母がなにをしていたかといえば、庭に出て、小さな声で歌を口ずさみながら、ばらや蘭の手入れに余念がなかった。ほかのことでは父には実によく仕えた母だったが、朝食に関してだけは、あまりに父が手こずらせるものだから、少し我儘《わがまま》がすぎると考えていたようである。阿英と阿秀の二人にすっかり任せて、涼しい顔で花畑の中を歩いていた。花の世話をおえたあと、池のほとりの大理石の椅子に腰かけた母は、たまに水ギセルを気持ちよさそうに吸うことがあって、ほっそりした母が足を組んで水ギセルをもてあそんでいる様子を、私は絵のようだと思って眺めていた。翡翠でできた蝶々と玉飾りが下げ緒になった銀の水ギセルは誰かの思い出につながる品らしく、煙草を吸うというよりも、その人のなつかしさに母はときどきそれを口にしているらしかった。

阿英の朝の奮闘は、父の朝食だけではない。妹を産んでしばらく体の調子の悪い時期があった母は、寝たり起きたりの日々が続いたあと、しつこい咳がぬけず、咳は冬になるとことにひどくなるようだった。医者にみせてもはかばかしくない母の様子を、阿英はとても心配して、どこからか聞きこんできた治療法を是非、試させてくれと言う。それは「オシッコ漬の卵」を卵酒にして飲むという奇妙なものだった。

三、四歳の小さな男の子のオシッコの中に、卵をひと晩、漬けておいて、翌朝早く、卵酒にして飲む。飲んだあとはまた一、二時間ぐっすりと眠るのが、この療法のポイントなのだということで、その頃、ちょうど兄のところの男の子がその年頃にあたっていた。

「さあ坊ちゃん、オシッコですよ」

夜、寝る時刻になると、阿英がこう言ってやってくる。甥は嫌がってちょっとジタバタするのだが、結局はとり押えられて大事なオシッコをとられてしまう。私たち子どもは毎晩のその騒ぎが面白くて、いつもぐるりと周りを囲んで見物するのだった。

翌朝まだ暗いうちに起き出した阿英は、小さな鍋に氷砂糖と水を煮立たせ、ひと晩オシッコに漬けた卵を割りほぐして熱い卵酒を作る。午前四時、眠っている母の部屋を小さくノックする音が聞こえ、卵酒を飲んで母はまたひと眠りするらしい。この習慣は少なくとも一年ほど続いていたようで、母の咳はいつかすっかり止っていった。

阿英は母に卵酒を飲ませたあと、そのまま朝食の仕度と学校へ行く子のお弁当作りにかかる。そして彼女にとって最大の難関の父の朝ご飯が控えていて、阿英の朝は一日のうちで最も忙しい時間なのだった。

咳が治ったのは阿英のおかげだと母は言っていたが、やはり阿英が持ち込んできた五十肩の治療法は、どうやら効きめがなかったらしい。五十代になった母が、手が上らないと言いだしたとき、阿英はそれまで聞いたこともないスープを作った。

それはアナゴともつかず、ウナギともつかない長いニョロニョロしたものと、ある植物の根っこを酒で蒸したスープだった。長いものは顔はたしかにアナゴのようだったが、アナゴよりずっと大きく、なんという生きものなのか私は知らない。植物の根っこは、いずれ漢方薬の一種だろうとは思うが、阿英の田舎では土染《トウラン》と呼ぶものだそうで、こちらも正式な名称はわからない。そのアナゴかウナギらしき生きものを生きたまま壺に入れ、土染と酒を入れて蒸しあげて、スープとその肉を食べるのが五十肩にいいというのである。しかし、これが美味だったかどうかは母は言わず、また肩が治ったとも言わなかったようである。オシッコ漬卵の卵酒といい、見なれないスープといい、迷信といってしまえばそれまでだが、正式な漢方医学とはべつの、こうした素朴な民間療法を伝える人たちも大ぜいいて、主人思いの阿英は、そうした情報を仕入れては、労をいとわずせっせといろいろなものを作ってくれた。母が体調をとり戻すと、わが大家族は誰も病気らしい病気もせず、家内安全の日々が過ぎていった。

安閑園の美しい家で、健康で意気さかんな父と食べた誕生日のごちそうの、なんとおいしく楽しかったことだろう。二十人以上の大家族のひとりひとりが、喜びにみちた顔で輝いていた。家長の健在は一家の幸福と繁栄のしるしであり、家族みんなの喜びだったのだ。父はどちらかと言えば厳しい家長だったと思うが、反面、家族への思いやりは深いものがあった。よその家では、家長である父親だけべつのお膳とか、家族とはちがう料理を余分につけたりすることがあったようだが、私の父はそれをとても嫌った。なにか珍しいものが出るとかならず、

「みんなの分、あるか」

「みんな一緒に、いま食べよう」

いまちょっとないと答えると、

「それならいらない」

と言って箸をつけない。なにしろ大家族なものだから、みんなの分といったら相当な量が必要である。母が、貴重なものを苦心して手に入れて、若い者が食べるにはもった

いない、父の口にだけひとくちでもと思っても、みんなが食べないのならと、けっして食べようとしなかった。

父の誕生日が近づくと、母は燕《つばめ》の巣を集めにかかった。燕の巣を甘く蒸した点心が父の好物で、なんとかしてこれを誕生日の食卓に出したいのである。だがよく知られているとおり、燕の巣は高価でそのうえたいへん稀少なものだから、思うように手に入らない。八方手をつくしても、家族全員の分がそろわない年が何度かあった。

「食べるまねだけよ」

母は、あらかじめみんなに念をおす。父は食卓をみまわして、

「よし、みんなの分あるな」

と、うれしそうに食べた。父のそばに坐る人の分は必要だったが、大テーブルの端に坐る私たちにはほんの少しばかり、いや、ときにはほとんど入っていないお皿を口に運んで、するすると食べたふりをするのだった。

燕の巣の甘い蒸しもの「甘燕巣《カンイエンスー》」は、食べるのはたった何秒かで、作るのは、下ごしらえからかぞえると、たっぷり二十四時間はかかる、なんとも手間のかかる料理である。いま漢方薬店で燕の巣を買いもとめると、きれいに羽毛をとりのぞいたものが出てくるが、昔は毛だらけのままで届けてきた。これを半日ほど水に漬けておく。水をはっ

たボールを五つか六つ用意して、ボールの前に一人ずつ坐る。人手のかかる仕事だから、私たちもかならず駆りだされて台所に坐った。一番めのボールの人が燕の巣の毛をざっととって次のボールに入れる。二番めの人はこの毛をひと通りとりのぞいて隣に渡す。三番め、四番めとまわっていって、五番めではもうほとんど毛がないというところまできれいにする。そして最後の人は、それこそ一本の毛も、一片の異物もないように、完璧に仕上げなければならない。根気のいる、神経をすりへらす仕事だった。こうして下ごしらえのすんだ燕の巣は、水をはった陶器のなかに入れ、氷砂糖を入れてゆっくりと蒸しあげられる。七時間から八時間かけてトロ火で蒸すのだから、ガスも電気鍋もない当時、その間の火の番だけを考えても、気の遠くなるような料理だと言わなくてはならない。かなりいろいろなものを食べさせてくれる料理店へ行っても、いまではもうめったにおめにかかれないものになってしまった。空っぽのお皿を「食べた」日もあったが、ほのかに甘く、淡白で、それでいて不思議な奥行きを感じる食べものだった。よき日々、よき年々の味わいだったのだと、いま、思う。

父が亡くなったのは、私が高校三年の冬だった。一泊二日の修学旅行で台湾の最南端まで行き、帰ってくると駅に迎えの自動車がきていない。父の黒塗りの大きな車はナンバーが二九〇だったことから、わが家では「リイキュウコン」（台湾語で二九〇を発音するとこうなる）と呼ばれていて、ふだんはほとんど父の専用だったが、私たちが汽車に乗って旅行するときなどは、小肥りの身体に紺のダブルの制服を着た運転手の林さんが駅まで送り迎えしてくれた。父がとても時間に厳しかったので、林さんはいつも早目早目に車をまわしていて、遅れることなど一ぺんもなかったのである。迎えの車がいないことで、すぐ何かが起きたと思ったわけではないが、どうしたのだろうと不安な気がした。その日どうやって家に帰ったのか、はっきりとは憶えていないのだが、当時、駅前に輪タクとでも言うような車が何台も客待ちしていたので、おそらくそれに乗って帰ったのだと思う。たしか「三輪車」と呼ばれていて、うしろにお客を乗せる仕組みになった自転車のようなものだった。

家に近づくと、自動車の長い行列がみえた。親戚や知人の家の自家用車や見馴れない車がずらっと並んでいる。何か悪い事が起きたとすぐに感じた。玄関まできたがなかに入るのが怖い。私は自分の家のことなのに、たまたまそこに停っていた車の運転手に、この家で何かあったのかと尋ね、そして父が亡くなったことを知った。あまりに突然のことで私は涙も出ず、母にもきょうだいにも使用人にも顔を合わさないようにして、真直ぐに自分の部屋に入った。しばらくは茫然《ぼうぜん》とするだけだった。

とても元気な父であった。体格はすぐれて大きく、少し太ってはいたがなんの異常も衰えもなく、濶達《かったつ》な日常を送っていた。前の日、修学旅行のために私は朝はやく家を出る必要があって、午前四時頃だったろうか、出かけるときのいつもの習慣で、父に会いに行こうとすると、

「お父さま、お寝みだからいいんじゃない」

と母が制した。私は父に行ってきますの挨拶をしないまま、林さんに駅まで送ってもらった。台南あたりにしてはめずらしく寒い朝で、つよい風が吹いていた。目をさました父は母に私の出発を聞き、

「こんな寒い日に行かせるべきじゃなかった」

と身体の弱かった私を心配して、ひどく不機嫌だったという。

この頃台南市は、雨が少なかったためなのだろうか、慢性的な電力不足で、夜の七時から八時まで電気がストップする状態が何年かつづいていた。わが家ではこの停電の時間を楽しくすごす方法として、家中のみんなが一室に集まって「おはなし」を聞く習慣になっていた。父と母、私と妹、兄夫婦と子どもたち、それに手伝いの女たちまでが居間に集まって、朗読の上手な王《ワン》のおじいさまが毎日、おもしろい本を読んでくれるのだった。

私たちが親家《チンジャ》と呼んでなついていたつるつる頭の王おじいさまは、大陸に嫁いだ姉の舅《しゅうと》にあたる人で高名な眼科医だったが、大陸の政情不安を逃れてその頃、台南の私たちの家で暮らしていた。ほとんど一日中、本を読んでいるような暮らしぶりで、奥さんと二人の静かな日常だったが、広州に残してきた病院にはなかなか戻れず、結局、帰郷をあきらめて台湾で開業するまでの五年間ほどを、わが家の主治医のような格好ですごした。

親家はすばらしい朗読の名手だった。電気の消えた部屋にろうそくの炎がゆらゆら揺れて、居間はほの暗い暖かなあかりの輪に包まれる。登場人物の息づかいまで伝わるような親家の朗読に、私たちは時間を忘れて書物の世界にひきこまれた。夢中になって聞いているうちに一時間がすぎて、ぱっと電気が点くと、みな口ぐちに、

「今日の停電、ほんとに一時間だったのかい」

「三十分のまちがいじゃないの」

と、不承ぶしょう、勉強やら縫いものやら台所など、それぞれの仕事に戻るのだった。その頃はちょうど「三国志」を読んでもらっていたのだったと思う。

私が修学旅行に出かけた晩も、家ではそうやって家族が集まり、「三国志」のつづきを聞いていたのだ。劉備玄徳が、関羽が、張飛が活躍し、その夜の話はどんなにかおも

しろかったことだろう。みんな一心に耳を傾けていつもと変りない楽しい時間がすぎていったにちがいない。

本の頁が閉じられ、電灯が点いた。父は大きなソファにゆったりと背をもたせかけ、微笑みを浮べて目を閉じていた。

「少しお疲れだったのかしら」と母は思ったという。まるで眠っているようだった。そしてそのまま二度と目覚めることはなかった。父はすでに旅立ってしまっていたのだ、家族みんなが集まった団欒《だんらん》のさなかに。

父の死の知らせは、私の修学旅行先へはこなかった。電話でも電報でも、知らせることはできただろうに、母はそうしなかった。知らせても、旅行をきり上げて級友より早く帰って来れるような状況ではなかったこと、知らせれば、楽しかるべき修学旅行の帰途を、一人、父親の死を胸に抱いていなければならない娘の心中を案じて、あえて知らせなかったのだという。駅に迎えの自動車が来ていなかったのは、たんに運転手が出るのが遅れて私と行き違いになってしまっていたのだ。時間に遅れるなど、それまで一度もなかったことだったから、父の突然の死で、家の中がどんなに混乱していたかがわかる。そして私は、自分の父の死を、見知らぬ他家の運転手の口から聞くことになったのだった。

私は父の老年になってからの娘である。兄が三人、姉が四人のきょうだいの八番目に生まれた。すぐ上の姉というのが私より十二歳年うえで、長い間ずっと、この姉が末っ子と思われていたところへ、思いがけず私が生まれ、つづいてもう一人、妹が生まれて正真正銘の末っ子となった。私を産んだとき母は四十歳であり、さらに父は母より十七歳も年うえだったから、私は世間一般でいえば祖父にあたるような年齢の人を父にもったことになる。

父の名は辛西淮＝スィン・シーホアイと言う。日本の人たちはシン・セイワイと呼んでいたように記憶している。日本の植民地時代の末期、台湾総督府の要職にあった。しかし、父は元来、政治の人ではなく実業の人だった。交通不便な土地に道路を開き、橋のない川に橋を架けた。鉄路を敷いてトロッコを走らせ、人々を運んだ（トロッコ道はのちにバス路線に変った）。父はまた、ある村に小学校を建てた。その村は昔、台湾が日本の植民地になったばかりの頃、まだ各地で暴動事件がしきりに起っていた時代だったが、とりわけ激しい抵抗を示した村だったそうである。そしてそのみせしめとして長い間、学校も建ててもらえない状況に置かれていた。父はそこに、有志を募り私費を投じて、子どもたちのための学校を作ったのだ。

反植民地主義の企てを起した村に、あえて学校を建てた父に対して、日本側から、総督府入りの強い要請があったのには、それなりの政治的な理由があったのだろう。父も、父の母も大いに悩み、苦しんだという。祖母がよく言っていた「先祖が昔、宮廷で大事なお仕事をさせていただいていた」家に生まれて、異国の植民地政策に協力する立場に立つことには大きなためらいがあった。そのとき祖母はまた、

「人間には歴史に逆らえないときがある」

とも言ったという。大きな歴史のうねりの中で、どれだけ自国民を守ることができるか、それを考えて総督府に入ったと私たちは聞かされた。最高政治顧問というのが総督府での父の最終的な地位である。

父の両親、私にとっての祖父と祖母は福建省の人だった。父が生まれた頃、中国は清朝の末期にあり、大陸の政治と社会は混迷していた。政治的な対立が深まるなかで、祖父母は幼かった父を連れて台湾に渡る。息子の健やかな成長と家名の存続を、新天地に求めたのである。しかし家長たる祖父は早くに亡くなり、台湾は日本の植民地となって、父の前半生はおそらく、耐えなければならないことが多かったことと思われる。遅くに生まれて、若い日の父を知らず、大陸の話を聞かせてくれたという祖母もすでに世を去って、相見ることもなかった私は、辛家の代々について語るべき立場にはいない。それ

は私などが聞きかじりで話すことではないだろう。私が見聞きしたのは、日本の元号でいえば昭和十年頃からのことである。

父は植民地政府の要職にあったけれど、中国人として生き、中国の文化伝統は守り抜くという強い信念を持っていた。日本は台湾の有識階級に対して、中国名を捨てて日本名を名乗ることを強制し、中国服の着用や中国的な伝統行事を禁じたりしたが、父は最後まで、家の名、家の宗教、そして何代にも亘って誇りをもってつづけてきた中国的な伝統行事のすべてを守り通した。不思議なもので、こうした父の強い姿勢に対して、日本側もそれ以上の力の行使はせず、かえって、辛家の伝統行事への招待にはこころよく応じた。主だった地位にある日本人が何人も出席して、その日一日を中国人と同じに過していった。

歴史のうねりに勝てないのは中国人だけではない。日本は太平洋戦争に敗れ、台湾でも日本人への迫害が始まった。日本人をかばって、父はあらゆる努力を惜しまなかった。何十年もずっと台湾で暮らしてきたという家族もいくつもあった。日本に引揚げる人々から刀剣類やさまざまな品物が父に預けられた。それは家宝と呼ばれるようなものだったのだろう。平和になって仲良く行き来ができるようになるまでと、預けられたものだった。戦後何年もたってから、これらの品物は日本から引取りに来たり、台湾から持って行ったりしてそれぞれの持主の許に戻っていった。

眼に見えない大きな運命が、ときとして人間を悲しい状態に追込むことがある。しかし、人間同士はやはり愛しあい、いたわりあうべきであると父は言う。私の知る限り、父はどんな相手とでも友人として付合おうとした。戦争に敗けた日本人に加えられる迫害を、どれだけ努力して止めさせようとしたことだろう。

その父が、終戦の日には泣いた。その年の三月から、私たちは台南から車で三時間くらいの後営という村に疎開していた。台湾の都市にも空襲がはじまっていて、父の友人の大地主が自分の家の空部屋を十室ほど貸してくれたのである。台南の家には父と兄たちが残っていた。仏間に籠って、やっと祖国が戻ってくると言って泣いたという父の姿を聞かされて、私は終戦が私たちにもたらす意味の深さを知った。私は小学校五年生だった。

植民地政府の要職にあったことで、戦後の父の立場は必ずしも安らかなものではなかった。ごくゆるやかではあったが一種の軟禁状態に置かれた時期もあった。拘束は半年ほどで解かれ、私たちは平和で穏やかな生活に戻っていった。

家庭での父は優しく、そして厳格な父親であり、夫であった。いまの子どもたちはたいして意味もないのだろうがまるで口癖のようにホント？　を連発し、ときにはウソ！

とさえ言うが、私の子ども時代、父は、ほんとう？　などとは決して言ってはいけないと言っていた。友だちにでも言うような気安さでうっかり口が滑ると、急に真顔になって、

「親の言うことを疑うなんて一体、どういうことでしょう」

とやわらかな物言いのうちにも厳しくたしなめられた。母に向ってもその厳格さは変らず、大勢のお客さまや子どものこと、使用人のことなど、大所帯を任せられて、母にも手に余ることがあったのだろう、私たちの前で愚痴を洩らすこともあったし、こっそり涙を拭いている姿を見たこともある。

反面、父は母に対して大甘なところもあって、父の誕生日の二百人くらいのお客さまの前で、まるでエンゲージリングでも捧げるように指輪をプレゼントしたりして、母を驚かせた。泣かされるほど厳しく、そして思いもかけず優しい父に、母はずいぶん、たまらない思いをさせられたのではないだろうか。十七歳も年長の、厳しく、信念をもって生きる夫を、ときには涙を流しながらも敬愛しつづけ、その傍らで、母自身も中国的であることを誇りとして生きていた。母は洋服を着たことがなく、生涯、中国服で過した。まわりの友人たちが皆、パーマをかけたモダンなヘアスタイルになっても、腰まで届くような長い髪は一度も切らず、もちろんパーマもあてなかった。長い髪を束ねて衿

足でまとめて髷にする、中国女性の伝統的な髪型を変えることはなかった。一本の枝毛もない、つややかな黒髪だった。

体格のいい父はタキシードとシルクハットがよく似合った。社会的な会合や式典では、男性はすべてタキシードにシルクハットという時代だったから、父も幾揃いか持っていて、なにかというと正装して出かけて行くのだった。父が亡くなってからも年に一回は、正装の衣裳を出して陰干しするのだが、そのたびに母は、

「お母さんは生まれてからこの歳まで、あれだけシルクハットとタキシードの似合った人は見たことがない。あんなに品のいい男の人には会ったことないよ」

と言うのだ。

三人の兄たちは皆それぞれに、社会的に相当の地位にあるのだが、

「あなた方三人揃っても、お父さま一人にかなわないわね」

とぬけぬけと言う母親であった。

世間でふつうに言う仲の良い夫婦とはちょっと趣きが違って、礼を守って距離を置いた感じが、傍目にはしかつめらしく見えたとしても、父と母は尊敬し信頼し愛し合っていた幸福な夫婦だったのだと羨ましく思う。

中年の盛りを過ぎてから生まれた私と妹は、父にとってとりわけかわいい幼な子であったようだ。忙しく、席の温まる間もないような父がほんの四、五分の暇をみつけては、秘書に命じて私を呼んで来させる。父には厳しく躾けられることも少なくなかったから、小さな私はおそるおそる書斎に入って行った。夏の日のことである。恰幅がよくて汗かきの父は外から帰ると、さらっとした麻のような手触りの中国服の上下に着替え、上着のボタンをはずしたまま、にこにこと笑っている。天井の大きな扇風機がゆっくりと回っていた。父は肥った胸をはだけて、

「お父さんのおっぱい飲まないかい?」

「いやいや」

と尻込みする私に、ちょっと怖い顔をしてみせて、

「お母さんのおっぱいは飲んだのに、どうしてお父さんのおっぱいは飲んでくれないのかな」

とからかって笑った。

書斎の壁には果物の茘枝《れいし》を描いた絵が架けてあった。

「さあ、これから茘枝を採ろう」見ててごらんと絵に近付いて行って、なにやらあっと思うまに、

「採ったよ——」と本物の茘枝を手にしている。私は目をぱちくりさせるばかりである。私の顔が見たくなると、額の裏に果物を隠しておいて、呼んで来させるのだ。茘枝採りのときは、私が部屋に入るとまず、

「あなたは誰の子?」

と聞く。

「お父さんの子」

と私。

「お父さんのどういう子?」

これには答えがきまっていて、かならず、「お父さんの年とってからの、かわいいかわいい子」と言わなければならない。やっとしゃべれるかしゃべれないかの頃に教えこまれたことで、回らない舌で何回も繰返し言わされてきた。幼稚園くらいになると女の子は結構おしゃまになって、こんなことは恥ずかしくてなかなか言えない。茘枝採りのトリックも解りかけてきた。だがやっぱり茘枝は欲しい。茘枝欲しさに、私は恥ずかしさをこらえて言う。

「お父さんの年とってからの、かわいいかわいい子」

このセリフが聞きたいばっかりに、父は忙しいさなか、茘枝を額縁の裏にひそませる。

滑稽としか言いようがないこの問答を、私たち父娘はいつまでも繰返した。世間では厳しい人、信念の人と言われていた父が、幼い娘に見せたやさしい顔だった。

小さいときこれほどかわいがってもらったのに、大きくなるにつれて私はだんだん父を怖いと思うことのほうが多くなった。思春期にさしかかってもいたのだろう、いつの間にか父から遠ざかるようになった。いつかまた幼い日のように甘えたいと心の奥で思いながら遠く感じていた父を、私は修学旅行に出かけた留守の間に失った。家族のみんながその場に居合せたのに、私ひとり、南の旅先にいた。わずかひと晩、家を離れただけだったのに、ずいぶん長い間、留守にしたような気がした。父がこの世にいないということが不思議だった。

ある日私は、父が愛用していたパイプを父の書斎の引出しに見つけた。紙巻きたばこ用の翡翠のパイプである。母が大切に布にくるんでしまっておいたのだろう、唇にあててそっと吸ってみると父の匂いがした。その日から、日に一度はかならず、私は書斎に入りこんでパイプを吸った。毎日吸いつづけているうちに匂いは少しずつ薄らいでいき、そしてとうとうパイプは匂わなくなった。父が亡くなってから二年ほどがたっていた。

父の誕生日や年越しの晩をはじめ、わが家でお祝い事のある日には必ず作ったあんかけそば。

什錦《スーチン》 全《チユエン》 家福大麵《チヤフータアミエン》の作り方

材料　中華そば（干したもの）四～五人分　油大さじ一強　豚肉（かたまり）二百グラム　酒、胡椒、醬油各少々　長ねぎ½本、干しえび¼カップ　干し椎茸（大）三～四枚　筍（ゆでたもの）百グラム　大根百五十グラム　人参少々　サラダ油大さじ三～四　水またはスープ（干しえびと干し椎茸のもどし汁も含めて）四～五カップ　塩小さじ一～二　醬油少々　酒大さじ一～二　片栗粉大さじ一弱　卵二～三個　胡椒　ごま油　旨味調味料　あさつき少々

そばにかけるあんから作ります。

1　豚肉は肩ロースでも、ももでも好みの部位のかたまりを求め、一センチくらいの賽の目に切って、酒、胡椒、醬油少々をふりかけて十～二十分、下味をつける。

2　長ねぎはみじん切りに、干しえび、干し椎茸はそれぞれぬるま湯につけてもどし、もどし汁はスープの分量に加える。

3　もどした椎茸は軸を取って豚肉と同じ大きさの賽の目に切り、筍も同様に切る。

4　大根と人参は皮をむいて同じく賽の目にし、塩を加えた熱湯で下ゆでしておく。

5　中華鍋にサラダ油を入れて熱し、長ねぎを炒めて香りを出す。ここに干しえびを入れて炒め、さらに豚肉を入れて豚肉の色が完全に変るまで炒める。

6　豚肉の色が変ったら干し椎茸を加えてさらに炒め、大根、人参、筍を順々に入れて塩、醬油を加え、鍋肌を伝わらせて酒を回し入れる。

7　炒めた具を深鍋に移し、水（またはスープ）を加えて煮る。大根が柔らかくなったら三倍量の水で溶いた片栗粉を回し入れてとろみをつける。

8　卵を溶きほぐして鍋の中に回し入れ、最後に胡椒とごま油、旨味調味料を加えて火を止める。蓋をしてしばらくおいて、余熱で卵がちょうどいい柔らかさになったところをさっと混ぜる。

9　あさつきは小口から切っておく。
あんができ上る頃を見計らってそばをゆでます。

10　干しそばはたっぷりの熱湯に入れて好みの柔らかさにゆで、油を回しかけてほぐしておく。

11　そばを一人分ずつ器に取り、あんを少しかけて混ぜ合せ、さらに上にあんをたっぷりかけてあさつきを散らす。

あんのでき上りとそばをゆでるタイミングを計って、あつあつのところにあんをからめて食べて下さい。

3　一族の絆

さて、この辺で、私の結婚について簡単に触れなければならないだろう。私がなぜ東京で料理を教えながら暮らすようになったか、なぜ台湾に帰らずに日本で生活しているのか、説明が要ると思われるからだ。こうして東京で長い間暮らしたことが、台湾での生活を思い出させることになり、二つの文化について考えさせる遠因にもなった、と思われるからである。

私が通っていた英国系のミッションスクールは音楽教育が盛んで、私と妹は揃ってここに学び、ピアノと声楽を専攻していた。年に二度開かれる学校主催の音楽会は、当時、音楽好きの人々の間でかなりの関心を集めていたもので、私も妹も、毎回、選ばれて舞台に立った。

高校の課程を了えると、私はピアノ専科の学生になった。音楽会では自分自身の演奏だけでなく、妹の歌唱の伴奏もつとめていくつものプログラムに出演していたのだが、二十歳の年の音楽会が終ったあと、結婚の話が持ちあがった。それはいわば舞台上の私を見初めて、というような形で始まった。相手は日本で勉強中の人で、結婚して残りの留学期間を東京で暮らそうというものだった。

　母は何年か前から、一家の主婦の座をだんだんと兄嫁に引継いできていたが、ことに父が亡くなってからはもうまるで一線を退いた人のようにひっそりと暮らしており、おそくに生まれてまだ十代の娘だった私と妹の成長だけを楽しみにしているふうであった。私はできるだけはやく成人して、母を安心させなくてはと思うようになっていた。

　妹のほうは、小さい頃から、私がおとなしくままごとをしているそばで木の枝にぶら下ったり、高い木に登って大きな声で歌をうたったりするやんちゃ娘で、一ときも休まず元気にとび回って、母や兄嫁の手に余ることもしばしばだった。私はいつか自然に、お転婆な妹の世話をやくしっかり者の姉の役割を果すようになり、いつでもどこでも高らかに歌いまくる妹の歌声に、すぐれた資質を聞きとっていた。

「あなた、音楽コンクールに出てみない？」

「……私？」

　ある日私は、妹に音楽コンクールの出場を薦めた。

「あなたの声ならぜったい大丈夫。二人で練習しましょう」

　それまで正式なレッスンを受けたこともなかったのに、私のピアノで課題曲を練習した妹は、はじめてのコンクールでなんと最優秀賞に選ばれたのである。まさかそこまでいくとは、ひっぱり出した私も思いもよらなかったのだが、大ぜいの聴衆を前にしてものおじせずに堂々と歌いあげた姿は、小さい時分のやんちゃ娘の面目躍如というところだった。妹はその後、ためらわずに音楽の道を志した。

四歳年下の妹が学校を卒業するのはまだ先のことである。才能のある彼女はおそらくその先も勉強を続けたいと言うだろう。海外留学もするであろう。実際、妹の声にはすばらしいものがあって、その資質の最初の発見者であることを自負していた私は、彼女になれるものならば一流の声楽家になってもらいたいと思っていた。しかしそうなれば、私たち二人の将来、たぶん幸福な結婚という形の将来を願っている母にはすまないことだが、妹が家庭を持つのはかなり先のことになるにちがいなかった。

私だけでも早く結婚したほうがいいのではないだろうか。今日までは私もピアノ一筋に打ちこんできた。演奏家になるという夢を描かなかったわけではない。が、妹の才能に較べれば私の夢などなにほどのこともなかった。二人とも演奏家を目指すなどと言ったら、母はどんなに心配することだろう。自分の才能の限界が見えた以上、早く結婚して家庭を持とう、そして母を安心させようと私の心は決まった。

台北で結婚式を挙げて、私は夫に伴われて日本にやってきた。そう長い外国暮らしとは思わずに、いわゆる花嫁道具など一つも持たず、少し長い旅行にでも出るような仕度で台湾を出てきたのだったが、東京での生活は意外に長いものになった。

音楽大学の別科に籍を置いてピアノの勉強をつづけるかたわら、私は生活費の足しに自宅でピアノを教えていたのだが、日本に来た翌年には子どもも生まれて、ほかにもっと収入のいい仕事が必要になった。しかし子どものいる中国人の女を雇ってくれるところなどあるはずもなかった。

ピアノを教えるのは一対一でなければならないが、一度に何人かの生徒を教えられるものと考えて、料理教室というのはどうだろうかと思いついた。私が育ったのは料理上手と言われて故郷の町では多少の評判をとる家である。その家に生まれて、小さいときからみっちりと仕込まれてきたのだから、料理を教えることができるのではないだろうか。愛する家族の健康を守り、楽しい食卓を囲んでもらうために、主婦となる身の大切な役目として学んできたことではあるが、これを人さまに教えてお金を稼ぐことができるかもしれない。

『お料理、お教えします』

思い切って私は、家の塀に貼紙を出した。

誰か来てくれる人があるだろうか……。

「どんなお料理、教えてもらえるのかしら？」

異国で暮らす年若な私を、いつも気にかけてくれていたらしい近所の奥さんたちが、中国人が教えるというもの珍しさも手伝って数人、集まってくれて、私の家庭料理の教室が始まった。

少しでも生徒を多く集めたいと思った私は、その頃住んでいた私鉄沿線の町々を毎朝自転車で走りまわり、一軒一軒のポストに生徒募集のビラを配って歩いた。人に顔を見られるのが恥ずかしくて、子どもが目をさます前のまだ薄暗いうちに町に出て、五つ六つ先の駅まで自転車を漕いで行った。スカーフで顔を包み、人目を避けるようにして走っていると、南国の明るい朝の光の中を制服の裾をひるがえして自転車通学していた女学生時代が思い出された。木造家屋が立ち並ぶ東京の町を一戸一戸回っている自分自身が、かえって奇妙な夢を見ているように思えてならなかった。

実はそのころ、私たちの結婚生活は早くも崩壊しかかっていたのである。その原因については、語るつもりはない。ただ、幸福な家庭を夢みてやって来た日本で、私は一人で生活を支えなければならなかった、とだけ言うにとどめよう。

ピアノと料理を教えて、子どもと二人、東京で暮らしていこうと心に決めてから、私は早朝の町を自転車で走りながら、適当な住まいを探した。自宅に生徒を迎えるのだから、どんなところでもいいというわけにはいかない。母と子の新しい暮らしの始まりを大事にしたいとも思った。そしてある朝、新築中の白いビルが当時は東京でもまだ珍しかったマンションだと知って、そこを新しい住居に決め、子どもを連れて夫の家を出たのである。

中国の花嫁の習慣で、婚資として実家からもらってきたかなりの額の資産は、それまでの暮らしであらかた消えてしまっており、私の手に残されたものとこれからの生活を考えれば、新築の白いマンションは贅沢なものだったが、私は持参金の残りのすべてをはたいてマンションの部屋を借りた。敷金やら権利金やらの入居の費用は払えても、来月からの家賃のあてはなかったのである。働くのだから大丈夫、働きさえすれば生活はできるのだと一心に念じて、不思議と不安は感じなかった。

トラブルを極力避けるために、子どものものとわずかな着替えだけを手に、私は夫の家を出た。

ピアノは当分の間、出稽古だけにするつもりだった。最小限の料理道具と食器類、それにテーブルと椅子を数脚揃えて、すぐ翌週から、新しいマンションで料理教室が始まった。

今から思えばおかしなことだけれど、最初の頃の私の教室は西洋料理の教室だった。三十年ほど昔、日本では中国料理を家庭にとり入れようという傾向はあまりなく、料理を習うといえばフランス料理全盛の時代だったのである。食べものの味ということをみっちりと舌に叩きこまれ、基本的な料理技術をきちんと身につけていたために、学校で教わっただけだったけれど私は西洋料理も一通り作ることができた。パイやらシュークリーム、スポンジケーキなどは、家でもおやつに作っていたから、フランス料理とお菓子の教室ということで、奥さんたちが集まってくれたのだった。

ビラ配りの効果もあったろうが、いわゆる口コミできてくれた生徒さんが多かった。

「近くの中国人の女の人がお料理を教えているんだけど、割合おいしいみたいなの」

隣の家の奥さんから駅前のおせんべい屋さんへ、そこからお琴の先生、お琴のお弟子さんたちからさらに知り合いの奥さん方へと、次々に紹介されて、一人の知人もいないところからスタートした料理教室が、思いもかけず大きな人のつながりになっていた。子どもが幼稚園に行くようになれば幼稚園のお母さんたちが、小学校にあがればPTAのお母さんたちが来てくれた。その頃の教室のメンバーは今、思い出しても懐しい人ばかりだが、ことに女優の佐久間良子さんのお母さま、日本画家の橋本明治先生の夫人、京王プラザホテル顧問の高田賢さんの奥さまたちが女学校の同級生ということで集まって下さった十人ぐらいのクラスは、その後も長い間続いて、いまでも時折同窓会が開かれる。フランス料理から始まった教室はおいおいに、私が生まれ育った家の料理が入るようになり、やがて中国の家庭料理だけを教えることになった。

まだ二十代で、若くて貧しかった私に、思う存分、料理の腕を奮わせて下さったのは、武蔵野音楽大学の学長の福井直弘先生だった。ご自宅でお客さまがあるたびに料理を頼むよと私を呼んで、材料の仕入れからなにから一切合財を任せて下さる。その頃の私にはとても手が届かないようなすばらしい材料を揃えて、好きなようにしなさいという、願ってもないような勉強のチャンスだった。ふだんの教室の枠からはみ出てしまう豪華で精緻でそしてダイナミックな献立を、あれかこれかと思案しつつ、毎回、思い切った趣向のディナーを用意した。

自分の家で料理を教えるのは子どもを抱えた女にはうってつけの仕事で、生活は苦しくても親子二人が食べるくらいは、職業上、まずなんとかなるものである。それに幼い子どもを置いて家をあけることもなく、仕事と育児は無理なく両立できた。しかし福井先生のご指名を受けたときだけは例外だった。何十人分かのフルコースのディナーを作り、あと片付けもすませると帰宅は必ず深夜になる。小学校にあがったばかりの子どもを一人で留守番させるのだからさぞ心細かったろうと思うのだが、それが母親の大事な仕事なのだからと、よく理解してくれて、淋し気な顔は一度も見せたことがない。真夜中にそっと鍵をあけて家に帰ると、一人で夕食をすませ、ベッドで丸くなって眠っていた。

教室に来る生徒さんたちの反応は思いがけないところまでひろがっていたようだった。料理研究家として活躍している何人かの先生方が私の作る料理に目をとめて下さったのと、生徒の中にたくさんの著書がある家事評論家のお嬢さんがいたことなどから、私の名が伝わったのだろうか、ある日突然、雑誌社やテレビ局から電話がかかってきて、小さな料理教室は大騒ぎになった。生活費の足しになればとだけ考えて教えはじめた時分には思いもよらなかった展開だった。

私が夫の家を出たという知らせが台湾の実家に届いたとき、いちばん上の兄はアメリカにいた。兄夫婦は急遽《きゅうきょ》、帰国を早めて東京にとんできた。私が引越してまだほんの三、四日のことである。がらんとしたマンションを訪ねてきた兄と義姉は言葉もなかった。

こんなことはやめて子どもを連れてすぐ台湾に帰って来なさい。どうしてそうしないんだと、兄の顔は言っていたけれど、私たちの結婚が失敗だったと知れて以来、再三、そう言いつづけてきた兄たちに対して、子どもと二人で東京で暮らすという、私の気持ちもまた固かったのである。私たち母子を引取ることを兄は全く当然のことと考えている。兄たちの誰もがそれを負担に思ったり面倒と思ったりしないのはよくわかっていた。子どもが女の子だったら、私もそうしたかもしれなかった。しかし幼いといえども息子は男子である。

兄の厄介になれば私たちに負い目ができる。子どもはそうした母の顔をどう見るだろうか。そのうえ、台湾では少しは名の知れた母の家と父の家だった。世間ではつまらない憶測も流れるだろう。そういう境遇で、子どもを育てたくなかった。親戚、知人が一人もいない日本での母子二人きりの生活は、淋しいものかもしれないが、逆に言えば家名の恥だとかあるいは安っぽい同情だとか、おためごかしのお節介や妙な後ろ指をささされずに生きていける。男の子には、周囲に気がねせず、自分で自分の将来を切り拓く気概を持って育ってほしいと思っていた。それに私との縁は切れても、夫の一族は息子にとっては大切な親族である。私の一族にしても夫の一族にしても、誰の援助も受けずに暮らしてさえいれば、いつ台湾に帰っても、楽しい親戚付合いができるではないか。父方の祖父や祖母、おじおばの優しさにもときどきは触れさせてやりたかった。

強情な妹に、何を言っても無駄だと思ったのだろう、

「ぼくらの援助をいらないという気持ちはよくわかっているけれど、せめて一つだけ、これだけは受取ってくれよ。君にはどうしてもピアノがなくちゃならないのだから」

兄と義姉が羽田から発ったあと、小さな冷蔵庫とアップライトのピアノが私の部屋に届けられた。料理を教えていこうというのに、私のところには冷蔵庫もなかったのである。うれしいにつけ悲しいにつけ、そしてことに悲しいときにこそ私がピアノに向っていたことをよく知っていた兄夫婦の優しさがたまらなく懐しかった。それから二度引越しして部屋は少しずつ大きくなり、冷蔵庫は大型のものに変ったが、ピアノだけはそのままである。このあとどんなに大きな家に住むことになっても、私はピアノを買い替えるつもりはない。兄と義姉の心のこもった、大切なピアノなのだから。

東京での生活が、知人がいなくて淋しいというのは、どうやら私一人の感傷だったらしい。ここで生まれ、ここで育つ子どもはやがてこの国でたくさんの友人を持つことになった。息子は、中国を祖国として日本で生きる子どもであった。

私たち中国人は家族や親族をとても大切に思っている。冠婚葬祭はもちろんのこと、家長の誕生日、先祖の記念日など、なにかといえば大ぜいが集まって一族の絆を確かめあうのである。五、六十人もが一堂に集まると、他人には誰が誰やら理解するのは並大抵のことではないが、子どもが大人たちを呼ぶ呼び方を気をつけて聞いていれば、どんなに入り組んだ親戚関係でも、はっきりと絵に描いたようにわかる。日本ではたんにおじさん、おばさんと呼ばれる父や母のきょうだいが、中国ではそれぞれ、父の何番目の兄であるか弟であるか、母の何番目の姉か妹か、そして誰がそのおじおばのつれ合いにあたるのか、一人一人呼び方が違っていて、呼び方によって一族の関係がわかるようになっているのである。

人間関係の基礎は礼儀作法にあると考える中国では、子どもの教育はまず、目上の親族一人一人の呼び方を憶えることから始まる。私の息子も、言葉を喋り出すと同時に、中国の子どもとしての第一歩を歩みはじめた。大陸では今、人口抑制の必要上、夫婦に子ども一人が望ましいなどと言われているようだが、一般に中国人は子ども好きで、わざわざそんなことを政府が言わなければならないほど、昔から子は家の宝とされて、子だくさんが喜ばれた。私の親戚も、わが家の九人きょうだいをはじめ、どの家も子どもが多かったから、当然のことながら、下の世代から見れば大ぜいのおじさん、おばさんがいることになる。

父親の男きょうだいは、父より年長か年少かで呼び名が違う。兄は伯《ボウ》、弟は叔《スー》で、これに一番上から大伯《タアボウ》、二伯《アルボウ》、あるいは四叔《シースー》、五叔《ウースー》と、兄弟順に数詞をつけて言うのである。伯の妻は姆《ムー》、叔の妻は嬸《シエン》で、大姆《タアムー》、二姆《アルムー》、四嬸《シーシエン》、五嬸《ウーシエン》となる。

日本でおじさんおばさんを一人一人区別して言うときに、よく何男おじさん、何子おばさんと呼ぶけれど、私たちは直接の親戚関係にある人は決して名前では呼ばない。定まった呼び方に数詞をつけて言うだけである。かえって遠い親戚筋の人とか、ごく親しい他人を、年嵩の男性なら何々伯、若い人なら何々叔と、その人の名を呼んで親しみを表わすことにしている。

父の女きょうだいは姑《クー》である。父の姉か妹かにかかわらずすべて姑で、その夫にあたる人は姑丈《クーツアン》と呼ばれ、やはり上から順に数詞をつけて言う。

母の男きょうだいは兄、弟にかかわらず舅《チユウ》で、その妻は舅妗《チユウチン》。女きょうだいは姨《イー》で、姨の夫は姨丈《イーツアン》。やはり数詞をつけて、大舅《タアチユウ》、大姨《タアイー》、二舅《アルチユウ》、二姨《アルイー》と呼ぶ。六人姉妹の五番目に生まれた私は、私の姉妹の子どもたちからは五姨《ウーイー》であり、兄たちの子どもにとっては五姑《ウークー》である。私は夫と別れているので、甥や姪たちから見て五姨丈《ウーイーツアン》、五姑丈《ウークーツアン》はいない。

姨は母の女きょうだいだけでなく、伯、叔と同じように、何々姨と名前をつけて、親しくしている他人や遠縁の女性を呼ぶのにも使われる。

おじいさんおばあさんは祖父《ツーフー》、祖姆《ツームー》。日本の大おじ、大おばにあたる祖父母のきょうだいは、祖父の兄を伯公《ボウコン》、弟を叔公《スーコン》。その妻たちが姆婆《ムーボウ》、嬸婆《シエンボウ》と、おじおばの呼び方に公《コン》、婆《ボウ》をつけて言うことになる。

おじおばの一人一人に個有の呼び方があるのは、中国語だけなのだろうか。英語やフランス語をはじめ、他の外国語にもあるという話を聞いたことがないが、しかしこれだけたくさんの呼び方を憶えるのは、言葉を憶え始めた幼児のやわらかな頭脳だからこそできることらしく、あとから中国語を学ぶ人にはなかなか面倒なことだと聞く。

中国の子どもたちは五つ六つになれば、幼いなりにこれらを全部暗記して、見事に使いわける。親戚が集まるたびに母親がつきっきりで、これが大伯《おじさま》、こちらが大姆《おばさま》と、一族の間を回って教えていくのである。一組の母子が回るあとから、次の母と子が大伯、ご機嫌いかがですかと挨拶して回る。目上の人と話すときは相手の目をしっかり見て、お話をよく聞いてきちんと返事しなさいと、よく言い聞かされて、活発な子も引込み思案な子もそれぞれにがんばって一周するのである。挨拶を受けるおじ、おばは、お辞儀の仕方や言葉づかいを賞めたり直したり、

「このごろ幼稚園はどう?」

とか、

「犬を飼ってるんだって?　ちゃんと散歩に連れてってやってるかい?」

などと子ども向けの話題を用意しておいて、年長者との会話を練習させる。親戚のなかに幼い子どもがいる時期には、これに付合う大人たちも大変な辛抱がいるのだが、このしつけは、社会に出る前に一族の中でしっかりと身につけさせておかなくてはならない大事なことなので、面倒がらずに丁寧に応対してやるのである。

台湾で暮らしていれば、一族が集まる機会もたびたびあって、そんなに懸命になって練習しなくても、おじさんたちの顔を見ながら自然に憶えることもできるのだけれど、東京で暮らす私たちはたった二人きりである。ここにおじさま、おばさま方が坐っているのよと、椅子を並べては、大伯《タアボウ》、大姆《タアムー》、二伯《アルボウ》、二姆《アルムー》……と呪文のように唱えて毎日練習した。

いずれ台湾につれて行ったときに、私の親戚はもちろん、父方の親族にもきちんと挨拶して、私たちの孫、私たちの甥とかわいがってもらいたい。中国語と日本語の二つの言語を習得していかなければならないというハンディを背負った息子に、そのうえ複雑な親戚の呼び方を憶えさせるのはあまりに負担が大きすぎるように思えた。しかし、東京で生まれた中国人だからこそ、自分が何者なのか、自分が属している一族とは何か、自分にとって家とは何かをしっかり学んでほしい。二つの国をまたいで生きることになる息子が、根無し草のようであってはならないと思った。彼の根っこはやはり、家族を大切に思う中国人の心であってほしかった。

孫の顔を見たいという夫の両親の要望もあって、久しぶりに里帰りした台湾で、小さい息子が練習のかいあって、大ぜいの親戚の間をなんとかまちがえずに挨拶して回れたとき、私は一つ肩の荷を下した思いがした。それは、夫と別れてもこうやって子どもをちゃんと育てているのですよという誇りと、祖国を離れて二人きりで外国で暮らしながらも、大切な中国の習慣、伝統は守っています。日本で生まれて育っても、この子は立派な中国人です。母から子へ、一つの文化をきちんと手渡しましたよという安堵の思いでもあったのである。

息子の手をとった夫の父はしばらくは声もなく、孫の顔を見つめていた。母親の手だけで育てられるこの子も不憫なら、子どもと別れなければならなかったわが子の不幸を傷む親の心も惻々《そくそく》と伝わってきて、私はあらためて人と人を結ぶ絆ということを考えていた。

安《アン》福《フウ》大《タア》龍蝦《ロンシャア》の作り方

武蔵野音楽大学の福井先生のお宅で作らせていただいた豪華なパーティ料理の一つ。龍蝦《ロンシャア》と呼ばれる伊勢えびが龍舟を思わせるような、勇壮な気分のご馳走です。

材料　伊勢えび四尾　サラダ油大さじ一～二　酒少々　塩少々　卵白一個分　片栗粉大さじ二弱　揚げ油　ふくろ茸（缶詰）百五十グラム　筍（ゆでたもの）七十グラム　人参½本　ピーマン二個　ラード大さじ二　酒少々　スープ⅔カップ　塩小さじ½　片栗粉少々　ごま油少々　胡椒少々　貝割れ菜一束　春雨十五グラム

1　伊勢えびは頭と胴を離して身を取り出す。殻の一尾分は盛り付けの飾りに使うので、きれいに洗ってさっとゆでる。
2　殻の水気を拭き取り、熱しておいたサラダ油をかけて艶を出す。
3　身は一口大に切って、酒、塩で軽く下味をつけ、卵白と片栗粉を加えてよく混ぜる。
4　中温（百三十～百五十度）に熱した揚げ油でえびを油通しし、八分通り火が通ったところで取り出して油を切る。

5　ふくろ茸は薄切りに、筍、人参、ピーマンはそれぞれ一センチ角にして、人参は下ゆでしておく。
6　中華鍋にラードを熱し、強火にしてまずふくろ茸を炒め、次に筍、人参、ピーマンと炒めて鍋肌から酒を回し入れ、スープ、塩を加えて味をととのえる。
7　水溶きの片栗粉で軽くとろみをつけ、油通ししたえびを入れてからめ、最後にごま油、胡椒で香りをつける。
8　春雨はそのままの長さで、高温の油でさっと揚げておく。
9　盛り付けは、まず春雨を食べやすい大きさに折って大皿に敷き、伊勢えびの頭と胴を間をあけて置いて、姿を一回り大きく仕立て、調理したえびと野菜を盛り合せる。貝割れ菜の葉先だけを切って、彩りよく周囲に散らす。
伊勢えびは立派な姿のわりに食べるところが少ないものなので、盛り付け用の殻は一尾分でも、中身はたくさん必要です。

4　血液料理をご存知ですか

フランス人やドイツ人は鶏や豚の血を好んで食べるようだが、私たち中国人も、鶏や豚の血液の料理が大好きである。新鮮な鶏の血液を固めてさっとゆでたものは、ほかにたとえようもない不思議なおいしさで、ゆでたてを切ってあつあつのうちににんにく醤油をちょっとつけて食べる。ゆで上りを手に持った感じはちょうどチョコレート色のコンニャクのようだけれど、コシのある歯ざわりはコンニャクほどは固くなく、寒天とゼリーの中間くらいだろうか。レモンを絞ったにんにく醤油に香菜《シャンツァイ》を刻んで、あつあつをちょっと浸して食べるという、ただそれだけのことだけれど、生臭さはまったくない。ゆで上るのを待ち構えて、切る端からつるつると食べてしまう。

冷めたものはスープに入れて食べる。白菜のスープとか魚のスープ、えび団子のスープなどに、具の大きさに揃えて切った血液を、でき上りの最後に入れると、ありふれたスープがぐんとおいしくなって、結構な御馳走になった。

中国では昔から、鶏一羽殺せないようでは嫁にいけないと言われている。女手では豚はともかくとしても、鶏を殺して料理することができないようでは一人前とは言えない、裁縫はもちろんだが、鶏を殺す、ちまきを作る、正月の餅を作るの三つができなければ一家の主婦はつとまらないのである。しかし近頃は事情が変って、これもそろそろ昔ばなしになりかけてきているようだ。ちまきや餅はまだ自分で作っている家も多いが、台北や台南では東京と同じようにマンション生活がふえて、自分の家で飼った鶏をつぶして食べるなどしたくてもできない相談になった。町ではもちろん捌《さば》いた鶏が買えるし、何年か前からゆで上った血も見かけるようになった。このところ何回かの帰国のたびに市場を歩くと、鶏血《チーシユエ》や猪血《ツーシユエ》を売っているのが目について、こればかりは昔はどこの家でも自分で作ったものなのにと思わずにはいられない。

鶏の血液料理「糯米鶏血《ヌーミーチーシユエ》」を作るときにはまず、よく砥いだ包丁を用意しなくてはならない。丹念に砥ぎ上げて、指を触れたらすっと切れるくらいにしておく。殺される運命にあるとしても、なかなか死ねないのでは鶏が可哀そうだった。鶏を殺す半日くらい前には餅米を洗ってザルに上げ、水切りした餅米は、スープ皿のような大きめの深皿に植物油を塗って平らに入れておく。こうして準備万端整えてから鶏をつかまえにかかった。ぷくぷくと肥った、ちょうど食べ頃の一羽を選んで、子どもたちが裏庭中を追いかけ回してつかまえて来ると、母はまず鶏の喉の毛をむしりとり、足を縛って自分の足でしっかりとはさんだ。鶏が暴れないように押え込んで、餅米の皿を前に置き、喉首をすっと掻き切るのだ。私たちが固唾を飲んで見守るなか、一瞬の包丁の動きでほとばしり出た血は、見るまに皿一杯になる。上手にとると、一羽の鶏からだいたいコップに三分の二くらいとれた。血は皿の中に平均して平らになるように流し入れなければいけない。鶏はいつの間にか、ぐったりと静かになってしまっていた。

しばらくすると血は固まって、皿の形なりに餅米ごとするりと取れる。これを沸騰したお湯に入れてゆでるのだが、餅米に火が通ればでき上り。血のほどよい弾力と餅米の餅もちした歯触りが、なんとも言えない魅力にみちた食べもので、鶏をつかまえるドタバタ騒ぎから喉を掻き切る一瞬まで、可哀そうとも残酷とも思わずに、幼い子どもたちもワクワクしながら待っていたものだ。ふつうの米を使うこともあるが、餅米の粘りが血液の弾力とちょうど同じくらいで、一層おいしいようである。

食習慣というのは不思議なもので、この鶏の血液料理にしても、また、パーティのときによく庭でした仔豚の丸焼きにしても、日本の子どもが鶏の喉を掻き切るところや仔豚の腹を開いて丸焼きにするところなどを見たら、気分が悪くなって卒倒するか、少なくともあとの食事がおいしく摂れるかどうかは危いものだと思う。しかし中国の子どもはこんなことはまったく平気だ。それどころか、焼き上った仔豚のやわらかな肉やカリッとした皮の香ばしさを想うと、涎《よだれ》をたらさんばかりの幸福な気分になる。早く焼けないかなあと、火のそばにつきっきりで、仔豚がくるりくるりと回されてだんだん焼き縮んでいくのを楽しく眺めているのだ。炉の火にあぶられて頬は真赤にほてり、おいしいものへの期待に胸が高鳴って、思わず唾を飲みこんだものである。

豚の血は、ドイツではソーセージの中に入れるし、中国でも腸詰によく使うが、今朝殺したばかりというような、ほんとうに新鮮なものが手に入ったときは、やはり固めてゆでただけで食べる。鶏の血と餅米は相性がいいらしくて、鶏の血液料理には必ずと言っていいほど餅米が使われるが、豚には使わない。豚の場合は豚の血だけを固めてゆでて、おもに野菜スープに入れて食べる。ときにはちょうど日本のお雑煮のような餅入り野菜スープに入れる。このときの餅はいわゆる餅米の餅でなく、猪血と似たような歯触りになるようにふつうの米、つまり日本で言う外米のパサパサしたようなもので作るのがいい。どちらもとてもおいしく私たち中国人が大好きなものだが、私は、ほんとうにおいしい猪血はほかになにも具の入らないシンプルなスープに限ると思う。鶏から念入りにとった上等なスープに猪血を入れ、薬味にはニラを散らしただけというようなすっきりしたとり合せがいちばん好きだ。

私の六人の女きょうだいのうち上の四人は昔ながらの見事な一人前の女で、鶏の殺し方をきちんと覚えて嫁いでいった。ことに台北に住むすぐ上の姉はいまでも鶏はかならず自分で殺して、新鮮な血を使った「糯米鶏血」を作るし、猪血を入れたソーセージも手作りして暮らしているが、私と妹の下二人は、実は鶏を殺せないだめ女なのだ。殺した鶏を始末して捌くのはなんともないのだが、首を切るというのがどうしてもできない。しかしこの姉も、はじめて鶏を殺したときのことを思い出して、

「お母さんが恨めしかった」

といまでも言う。子どものときから見馴れていて、鶏を殺すことなどなんでもないと思っていたのに、いざ、さあやってごらんなさいと言われたとき、たまたまつかまえた鶏が特別によく肥えた大きな鶏だったのだろうか、喉を掻き切ったと同時に暴れ出して、血を流しながら庭中を駆けまわった。びっくりしたのと怖いのとで震えて泣き出しそうな姉に、母は厳しく、

「もう一ぺん、やり直し」

と言ったのだそうだ。コックや台所方の女たちも何人かそばにいて、あとはだれかが代って始末してくれると思ったのに、ぴしゃりと言われて姉は泣く泣くもう一度包丁を持たされた。ここできちんと教えておかなければ使用人にもしめしがつかないし、怖さが先に立って二度と鶏を殺せなくなっては困る。嫁にいった先で、自分がお手本になって使用人に教えられないのでは一家のきりもりができないというのだった。

きょうだいのなかでいちばん背の低い私よりもまだ小柄で、ほっそりと華奢な身体つきの母は、ちょっと見にはなにもできそうもない、しとやかなだけの人のようだったが、なかなかどうしておいしいものを食べるにはなによりも自分の手をかけるのが大切というのが、主婦としての信条で、屋敷内の畑を耕して野菜をつくったり、鶏もたくさん飼って朝晩の世話を怠らなかった。朝、身仕度をすませるとまず裏庭へ出て、作男と一緒に畑を見まわる。畑では蔬菜類《そさいるい》のほかにジャガイモ、里芋、ピーナッツなどをつくっており、裏庭のはずれはそのまま広い竹藪になっていて夏は毎朝はやく起されて筍掘りにつれて行かれた。ちょっとでも育ちすぎると固くなって味が落ちるのでどうしても毎朝、見回らなければならなかった。

日本では筍は春のものときまっているが、私の生まれた地方では竹の種類によっていろいろな時季があり、なかでも真夏にとれる筍がいちばんおいしい。緑竹筍《リーツースン》という筍でとても甘くて、これが筍かとびっくりするくらいおいしいものである。朝はやく掘ったものをすぐゆでて、うすく切ってお醤油をつけて食べる。やわらかくて甘くてほかの筍とは全くちがう味わいで、いちど台湾から掘りたてのゆでたてを届けてもらう機会があって、かねてからお約束の桐朋学園の三善晃先生にお届けしたところ、筍のイメージが全く変ったとおっしゃられた。朝はやい飛行機に掘りたてゆでたてを乗せ、こちらも空港で到着を待ってその足でお届けしたもので、台北、東京間を空輸した分だけ、ほんとうの掘りたてゆでたてとはいかなかったわけだが、それにしても、それほどに他に類をみない筍なのである。

朝はゆでたてをうすく切ってちょっとお醬油をつけるだけで食べ、午は午で「緑竹飯《リーツーファン》湯《タン》」にして食べる。お茶漬けふう雑炊とでも言いたいような一種の汁かけご飯である。

台南は台湾のなかでもとりわけ食べものに恵まれたところで、海も近く、市場に行くとえびが跳ねている。大きいのも小さいのも、さまざまな種類のえびがぴちぴちと跳ねていた。毎日、朝食をすませると一家の台所を預る主婦はまず市場に買いものに出かけた。市場は朝の六時か七時ごろから賑わっていて、どこの家でもだいたい八時ごろまでには買いものをすませていたようだ。九時、十時では売れ残りになってしまうのである。母も毎日、人力車か自家用車で市場に出かけた。車夫の旺盛《ワンツン》か運転手の林《リン》さんが、母のうしろを両手に籠を下げてついて歩く。献立や調理はコックと相談したり、台所方の手伝いに作らせたりもするが、材料の吟味だけは絶対人まかせにしない。市場の買出しはもちろん、裏庭の畑のものも家畜類の食べ頃を選ぶのもかならず母が自分でした。

市場から朝の網でとれた小えびを買ってくると生きたまま殼をむく。緑竹筍はせん切りにする。生の筍をそのまません切りにするのである。その朝の掘りたてはえぐみもなく、下ゆでの必要は全くない。筍を炒めて少し透明感が出たところにえびを放りこんでちょっと塩、胡椒したものを温かいご飯にのせ、この上から熱いスープをかけてさらさらとかきこむ。スープは鶏のスープでもえびの頭からとったスープでもいい。暑い夏のお昼に汗をかきかき食べる汁かけご飯のおいしさはなんとも言えず、あつあつをフーフー言いながらかきこんでいくと頭の中まで汗びっしょりで、かえって暑さを忘れて、さらさらといくらでも入ってしまう感じである。

裏庭では鶏のほかに豚や七面鳥も飼っていた。豚はおもにコックや作男の責任で、母は私たちに手伝わせて鶏と七面鳥の世話をしていた。豆腐を小さくくずしたものとあさつきのような細いねぎをこまかく刻んでまぜ合せたものが鳥たちのエサで、毎朝ねぎを刻んでエサを作る。トントンという小気味のいい音が朝の庭に響いていた。母はヒヨコを孵《かえ》すのが得意で、上手に卵から抱かせて孵していたが、ヒヨコが病気になったりすると奇妙な療法をほどこした。はじめのうちは薬をやったりもするが、いよいよとなるとヒヨコをコンクリートの三和土《たたき》の上に置いて金だらいをかぶせ、金だらいを揺すってカタカタと大きな音をたてるのである。中にいるヒヨコはたまらない。びっくり仰天して思わずしゃんと立ってしまうという一種のショック療法だが、どう考えてもそれで病気が治るものではない。しかしふしぎなことに、弱って死んでいくヒヨコのなかで、ショックがきいて元気になってしまうヒヨコもいて、そんなとき母は、

「これはなかなか効くのよ」

と、じつに無邪気なうれしそうな顔をした。こんな奇妙な治療法はほかでは聞いたことがないから、あれはきっと母の発明だったのかもしれない。

死んだヒヨコに私たちは一羽一羽名前をつけてお墓を作った。疫病がはやったりすると子どもの墓掘りも忙しかったが、お墓を作ってもらえるのはヒヨコだけで、食べた鶏のことを考えたことはない。ヒヨコはかわいいペットでも成長した鶏は食用という厳然たる一線は、子ども心にもべつに抵抗はなかった。

四人の娘を次々と育てて、台所むきのことも厳しくしつけた母だったが、姉たちとはひと回りも離れて生まれた私の番がきたときには、母ももう年をとってもいたし、時代が変ってきていて、いまのようにある意味で大変贅沢な、半分農家のような暮らしが娘の将来にあるかと考えたのだろうか、鶏の殺し方にしても、私が尻ごみするとそれ以上は無理にも教えこもうとはしなかった。その娘が外国で料理を教えて身を立てることになるとは、母にとっても全く思いもよらないことだったろう。鶏一羽殺せない、昔ならば半人前の女である。すぐ上の姉と同じように、たとえ恨みに思ったにしても、無理矢

理にでも教えこんでおいてくれたらよかったのにと、いまになって勝手なことを思っている。

鶏を殺すのはとうとうだめだったが、子どものころから料理が好きでしょっちゅう、台所をうろうろしていた私はずいぶんいろいろなことを手伝わされた。その中でいちばんこまかな仕事といえば燕の巣の下ごしらえだと思うが、荒っぽいほうの代表は、生きたままウナギを蒸すときの蓋押えとか豚の塩漬けということになるだろうか。ウナギ蒸しのほうは、中国人は漢方の考えからかどうか、生きたままどうするというようなことが好きで、よくある料理法なのだが、ウナギが大ウナギだったりすると、これはもう女の手にはおえなくて、大男だったコックの大水《タアスイ》が太い腕でがっしりと押さえつけることになる。ウナギが静かになるまで、かなりの時間そうしていなければならないこともあった。

豚の塩漬けは大事な保存食で、昔は冷蔵庫などがなかったから、母は保存食をいろいろ作った。なかでも豚の塩漬けは父の好物で、よく作るもののひとつだった。家で飼っている豚が丸々と太ってくると、母は豚の塩漬けの予定をたて、専門の解体人を呼ぶ。豚を殺すのはさすがに家ではできない。コックの仕事というわけでもなく、やはり専門の人に来てもらうのである。

裏庭に面した台所の軒下は水をジャージャー流せるコンクリートの三和土になっていて、仕事はそこで手際よく片づけられてしまう。血はもちろん猪血《ツーシュエ》にしておいしいスープになった。解体された大きな枝肉に私たちは包丁を持って立ち向い、週刊誌を広げたくらいの大きさの、座布団のようなブロックに切りわけた。厚みのある大きな生肉を切っていくのはなかなか骨のおれる仕事で、私たちは黙々と包丁をふるった。それから子どもの背丈ぐらいある大きな瓶を用意して、瓶の底にあら塩をまいて肉を入れ、また塩をまいては肉を入れて段々に重ねて瓶いっぱいにする。口までいっぱいになったらぴっちり蓋をして涼しいところにひと月ぐらいおくと、おいしい塩漬け肉ができた。塩漬け肉は寒い季節だったら二、三か月はもつものでやわらかくゆでて薄切りにし、醬油をゆで汁でのばしたたれに薬味をきかせて、生野菜を添えて食べる。塩漬け肉のおいしさは生鮭と塩鮭のちがいとでも言えるだろうか、生肉とはちがったコクのある旨みがでてきて、たんに保存のためというより塩漬け肉の旨みを堪能したいがために作るようなものだった。

魚の塩漬けも作った。冬になると脂が乗ってくるサワラの大きなものを何本も買ってきて、二、三センチの厚さの筒切りにして塩漬けにする。こちらは半月ぐらい置いて食べるもので、塩出ししないでそのまま両面を油で焼いたり、一口大に切って豚の三枚肉とスープにしたりした。サワラのスープはアクと油を丁寧にとると、あとは生姜のせん切りをぱっと散らすだけで、調味料はほかになにもいらないおいしさである。あらかた食べ尽した残りをご飯にザブザブかけて食べるのがまたおいしくて、ふだんの日のいいお惣菜だった。

日本では汁かけご飯を猫まんまなどと言ってお行儀が悪いことの代表のように言うけれど、私たち中国人はさほど行儀の悪いこととは思わない。大ぜいで食事しているときももしそうしたければスープや料理の残り汁をご飯にかけて食べてもかまわない。もちろんお客料理のときにすることではないが、内輪の晩餐では決して眉をひそめられるようなことはなかった。その代り、ご飯にお茶をかけようものなら厳しく叱られた。日中の文化のこうした違いはどちらがいい悪いというようなことではなく、単にそうした生活習慣が守られているということだから、お互いに相手の国に行ったらそういうものだと理解するほかないだろう。

子どもの頃、台所に手伝いに来てくれる通いの人で松婆《チョンクワン》と呼ばれるおばさんがいた。痩せて背の高い大柄な人で、台所のことでも洗濯でも、雑用をなんでも片付けてくれるのだが、住み込みの使用人たちとちがってご飯をゆっくりと食べようとしない。朝来ると夕方帰るまで時間を惜しむようにくるくると働き回っている。お昼どきには使用人たちが台所のテーブルに集まって、大方の中国人がたいていそうであるようにお喋りに花を咲かせながらゆっくりと時間をかけて食事するのだが、松婆だけは大きな丼を抱えこんでテーブルの端っこにほんの申し訳程度に腰をおろし、あちこちの皿から少しずつ料理をとってご飯にのせて食べていた。ちゃんとお皿にとって食べるように言っても聞かないで、最後はスープをかけて慌《あわただ》しくかきこんでしまうのである。

あまりに毎日のことなので、そんなことをしていると体をこわすと母が注意すると、

「そんなこと奥さま、まあもったいなくて」

と、すぐ次の仕事にかかってしまう。午後二時頃になるときまってちょっと寝かせてくれと言い、使用人のベッドが空いているからと言っても、そのへんの空き部屋の絨毯《じゅうたん》の上にじかにごろりと横になってしまう。それでいて二十分もするともう起きてきて、また「もったいない、もったいない」と働き出していた。

お皿に料理の汁が残っていてももったいない、ちょっと手がすいていてももったいないで、松婆と言えば私たちはすぐに、ああ、あのもったいないお婆さんと思うのだった。こんなことを続けていたら早死するよと母は心配していたけれど、松婆はその母よりも長生きして、母の最期も看取り、いまも九十近くて元気だと聞いている。汁かけご飯と

いうと、白いご飯の上にいろいろな料理を少しずつのせて食べていた松婆を思い出すが、あんなに急いで食べるのはどうかと思うけれど、松婆にとってはきっとそれがとてもおいしい、いちばん好きな食べ方だったのだろう。

私も汁かけご飯が大好きである。おいしかった料理の最後の一口とかちょっと食欲が落ちているときなど、やっぱりこれに限るという感じでお皿の残りをご飯の上にかけている。料理教室の助手をしてくれている人たちとは、ごく内々の間柄だと思っているので、仕事が終ってみんなで食事をするときに日本の習慣を忘れてついご飯に残り汁をかけて食べていることがあって、たまたま新しく入ったばかりの人がいたりすると目を丸くして見つめられてしまうのだが、中国ではこうなのよと話すとすぐにわかってくれる。それに誰でもたいてい、汁かけご飯が嫌いではないらしく、それじゃあ私もと、揃ってジャブジャブ食べることになるのだった。

日本には鰻丼をはじめ親子丼、カツ丼などはじめから具とたれがかかったご飯ものがあるのだから、中国料理のお惣菜のときには、中国式にお皿に残った肉汁をご飯にかけてみてはどうだろう。おいしいこと請け合いの特別料理というわけである。

肉や魚を塩漬にした瓶は台所の北向きの軒下に並べられた。廂《ひさし》を長くのばして石を敷きつめた軒下は風通しのいい涼しい場所で、わが家の食料貯蔵庫の役目を果していた。漬けもの類だけでなく、大小さまざまな瓶がたくさん置いてあって、ピータンや味噌、豆乳《トウルー》、塩、砂糖、米、それに小麦粉、片栗粉などの粉類のほか何種類もの豆がいっぱいに詰まっていた。中国人はなんによらずたっぷりと貯えておくのが大好きで、こうしたものはいつも何キロという単位の大袋で買いこんでくる。保存のきく食品が底をついたりするのは縁起が悪いと忌み嫌って、いつ瓶の蓋をあけても、口までいっぱいに中身が詰まっていた。

差し渡しが一メートルもあるような大瓶の中にはウナギが泳いでいたり、スッポンが入っていたりすることもあった。市場で買ってきたウナギやスッポンはしばらく瓶に入れてエサをやって太らせる。生きものの入った瓶は男の子にはたまらなく魅力的なものらしく、しょっちゅう誰かが中を覗きこんでいた。スッポンにちょっかい出してはいけないと子どもたちには厳しく言ってあるのだが、小さな甥たちが棒でつっ突いてはコックに叱られる。ウナギはともかく、スッポンは時折逆襲に出ていたずら坊主の指に嚙みついた。「ワアッ」という泣き声にまたやったかと、台所の者たちがあわてて外にとび出すのだが、いったん食いついたら雷が鳴るまで離さない、指にぶら下げたまま五つの橋を渡らないととれないとか言われているスッポンのことだから、いくら泣きわめいてもどうしようもない。仕方なくコックが包丁を持ち出して、急遽、その晩はスッポン料理ということになるのだった。

スッポンはたいへん滋養がある食べものだからふだんは誰かちょっと疲れ気味の人がいるときとか、今晩は父をはじめ兄たちの男性陣が全員顔を揃えるからスッポンにでもしましょうかと献立をたてるのだが、およそなんでもないような日にスッポン料理が出ると、かならず誰かが子どもたちのほうに声をかけた。

「おや、今日のいたずらっ子は誰だい？」

昼間のいたずらはすっかりばれて、騒動の張本人はテーブルの端っこで顔を真赤にしてもじもじしていた。

子どもの指に喰いついているときはもちろん、スッポンの料理はまず首を切落さなければならない。手足や首を甲羅の中に縮められてしまったらもうどうにもならないから、スッポンの闘争心をかきたてるように上手にあしらって、棒の先に嚙みつかせる。しっかり嚙ませておいてから首を引張り出し、よく切れる包丁ですぽんと切落す。このときにドクドクと出る血が体にいいと言われていて、コップに受けて臭みとりに酒（白酒——お米から作った焼酎）を混ぜ、生温かい生血をそのまま飲む。ほんとうならこういうものは男の人に飲んでもらいたいところだが、スッポンを殺すのはどうしても昼間の、女子どもしか家にいない時間なので、わが家ではもっぱら兄嫁が飲んでいた。

鶏血《チーシュエ》や猪血《ツーシュエ》の料理は大好きだが、スッポンの生血は私も母も苦手でほとんど飲まなかった。おいしいというよりも体にいいということで義姉も率先して飲んでいたのだと思うが、たしかにその効き目はあったようだ。義姉はわが家でいちばんの元気者でそのうえ女にしておくのがもったいないほど度胸が坐っていて、おばあさんと呼ばれる年齢になったいまでも世界中の国々のどこへでも、ものおじせずに出かけていってしまう。あの積極性はやっぱりスッポンの生血の効用なのだろう。だが少し効き目がつよすぎたのか、あんまりなんでも口を出したがり、やってみたがりするので少々煙たがられているようなところもあって、

「義姉さんの耳に入ったらまずいなあ、きっと自分もやりたいって言うよ」

男どもがなにやらよからぬ相談をするときは極力、義姉の介入を避けようと、義姉さんが来る前に早いとこ片付けてしまおう、とするのだが、耳聡《みみざと》い義姉にはかなわなくて、たいていなにか一言述べられることになるのだった。

スッポンはあまり臭みはない。甲羅を剝いだあと長く煮込むと、ゼラチン質や軟骨の部分が多いものなので全体にとても柔らかくなって、しゃぶっているうちにどこもかしこも一つ残らず食べ尽してしまう。ただしスッポンをしゃぶったあとは口の囲りがいつ

までもベタベタした。湯煎にかけて漢方薬と一緒に蒸したり、スープにしたり、また一度油で揚げてから煮込んで東坡肉《トンポーロウ》のようにもする。私がいちばん好きなのは漢方薬にたっぷりの老酒を入れて煮込んだスープで、漢方薬は当帰《トンクエイ》、朝鮮人参、クコのほか、ちょうどオールスパイスのようにいろいろなものを混ぜこんだものを入れた。

スッポンもウナギも栄養価が高い料理でとくに季節を問わず一年中食べるけれど、私たちの国でも真夏は避けるようである。日本で夏の土用に夏バテ予防のウナギを食べるのとは逆で、夏のさ中にはむしろ熱をとるようなあっさりした食べものがいいというのが漢方の考えで、暑い夏を乗りきるためのスタミナは夏前の、春から夏にかけての気候のいいときにしっかり栄養をつけておくのが大切だと言っていた。日本の夏と台湾の夏の暑さのちがいもあるのかもしれないが、夏にはあまりお腹の負担になるようなものは食べないようである。体力増進という意味もあってか、わが家では食事どき以外にもスッポンを食べることがあって、仕事に出かける父や兄たちに、今日はお三時にスッポンを食べますからと言っておくと、その日はみんなが一度帰って来て、お茶の時間に顔を揃えるのだ。忙しい男たちがなんとか仕事をやりくりして午後のお茶に帰って来るわけで、世の中がのんびりしていたというか、おいしいものには目がないというか、一家揃ってスッポンを食べる午後はいかにも中国的なのどかな憩いの時間だった。

何年か前に料理研究家の江上栄子さんご一家を台湾にお連れしたことがある。私と息子がお墓参りに帰ったおりに、お誘いしてご一緒したのだが、ご夫妻はもちろん、お子さん方もさすがに江上トミ先生のお血筋で、食べもののことはなんでもご存知だし、またみなさん揃って健啖家でもある。せっかく台湾にお連れするからには是非とも、東京では食べられないもの、

「あれっ、これはなに？」

「こんなもの食べられるんですか？」

と言わせるようなものを食べさせてみたいと思い、きょうだいの家々を煩わせてこれでもかこれでもかというぐらいふしぎな料理を出したのだが、動ずるふうもなく次々と召しあがられる。アヒルの足、鶏の足の煮込んだもの、豚の大腸のピーナッツ詰めなど、辛家で食べるものは江上家でもすべてOKということがわかった。もっとも見かけの違和感をさておけば、どれも大変おいしい食べものでけっしてゲテモノ料理ではない。ことにわが家の、辛家が代々伝えてきた家伝の味はおおむねあっさり好みで、自分で言うのも変だが、「大変に品がいい」と多少の評判をとる家なのである。

「大腸糯米《ターツアンヌーミー》」つまり豚の大腸のピーナッツ詰めなどは、素材を種明しされたらぎょっ

となる向きも知らずに食べれば、ひたすらおいしいだけだろう。多少なりともそういう傾向のある人は、おいしいものはおいしいと食べるだけにして、

「この、外側の、ちょっとシコシコする皮はなんですか？」

などとは聞かないほうがいい。

大腸を料理に使うときは腸の内壁を相当に削ぎとる必要があって、これを上手にしてくれるところがないために、東京の私の家ではめったに作ることができないものの一つである。大腸と聞けば汚いという思いが先に立つかもしれないが、たしかに大腸というものは中を汚物が通るのでまずこれをお箸のようなものですっかり取除き、内側をひっくり返して内壁を削ぎとったあと、あら塩やみょうばんで十分にこすってヌメリや臭みをとる。年とった豚の大腸は汚れがつよかったり、太くなってしまっていたりするので、やはり仔豚のもののほうがいいようである。水に漬けてやわらかくしておいた餅米とピーナッツを油で炒めて塩味をつけて、ちょっとお酒をしみこませる。やわらかくしたいときには固さを加減しながらスープを足して、これを大腸に詰める。パンパンに詰めると直径がだいたい三センチから五センチくらいになるもので、豚によってかなり大小がある。パンクしないようにところどころ、ピンで穴をあけてゆであげ、スライスしてちょっとお醤油をつけて食べる。私が生まれた家では裏庭の畑からの掘りたてのピーナッ

ッを使うのが自慢で、「大腸糯米」に限らず、辛家のピーナッツ料理はなかなか定評のあるものだった。このとき「大腸糯米」を作ってくれた姉は嫁ぎ先の親戚の農家から送って来る掘りたての産地直送品を使っているということだった。

さて江上家ご一行は、こちらが用意するものをことごとく旨い旨いと消化してしまわれる。とうとう今日はもう帰るという日になって、台湾での最後の食事は妹の家のお午に招ばれていた。妹は張切って、

「今日こそあっと言わせてみせるわね、うちでは鶏と豚の血を出すことにしたのよ」

声楽家の妹は演奏活動で家を留守にすることも多く、台所を預るのはお手伝いの雅子さんである。雅子さんはほんとうは雅子《ヤーツー》で、もちろん中国の女性だが、妹のつれ合いが日本人だということもあって、もっぱらマサコさんと呼ばれている。二十年近く妹の家にいて、子どもの勉強からなにから家政一般をみてくれている人で、大変な料理上手。そのマサコさんが腕をふるって、

「いくら江上先生のご一家でも、たぶんこれはダメですよ」

ニヤニヤしながら並べた血液料理だったが、やはりと言うか残念ながらと言うか、

「これはおいしい」

と一家中でお替りしてきれいに召しあがってしまわれた。お招きしておいて、食べら

れないものを出して困らせてやろうなどというよからぬ魂胆は粉みじんに吹きとばされて、この勝負は江上家の勝ち。しかし、お出しするもののすべてを、おいしいおいしいとほんとうによろこんで食べていただいて、負けてうれしい辛家一同という、楽しい旅行だった。

猪《ツー》血《シュエ》菜《ツアイ》糸《スー》湯《タン》の作り方

豚の血は日本ではちょっと手に入らないでしょうけれど、猪血の入ったスープを一つ。お餅が入っているので猪血なしでも頂けます。

材料（四人分）鶏のスープ四〜五カップ　ニラ一束　もやし百グラム　長ねぎ⅓本　人参少々　にんにく一かけ　塩小さじ一強　酒大さじ二　醤油少々　胡椒　ごま油　猪血　餅

1　もやしは頭とひげをとってきれいに洗い、長ねぎ、にんにくはみじん切り、人参はせん切りにする。
2　餅は拍子木に、猪血はうす切りにしておく。
3　鍋に油を熱して長ねぎ、にんにくを炒めて香りを出し、鍋肌から酒を入れる。
4　スープを加えて塩味をつけ、アクをとったら野菜と餅を入れて、隠し味に醬油少々、胡椒とごま油で香りをつけ、猪血を加えてニラを散らす。

スープがおいしいことが大事ですが、最近のガラからはあまりいいスープがとれないので、私は鶏のももか手羽肉を使います。四～五カップのスープをとるとして、ももまたは手羽肉を一、二枚。強めに塩をして一晩冷蔵庫に寝かせ、翌日、塩を洗い落してから一～二時間かけてスープをとります。

中国のお餅は日本のものとはだいぶ違って、せいろで蒸して作ります。
〈餅の作り方〉
材料　米（なるべく粘り気の出ないもの）十カップ　水八～九カップ
1　米はきれいに洗って一晩水に漬けておく。
2　米をざるに上げ、水と一緒にミキサーにかけて液状にする。
3　せいろに枠（木、またはステンレス製のもの）を入れてぬれ布巾を敷き、たっぷりの湯を沸かしてよく熱する。

4　せいろが十分に熱くなったら、枠の中に液を流し入れ、最初は強火で三十分、次に中火で一時間ほど蒸す（途中で湯がなくならないように注意すること）。

5　竹串を刺して、串についた餅の状態で判断するが、食べてみて生っぽくなければでき上り。

6　布巾ごと取り出し、あら熱が取れたら布巾をはずす。切り分けるときは包丁に油を塗って切り分ける。

米はできるだけパサパサした、いわゆる外米のようなものを使って下さい。せいろに枠を入れるのは囲りに蒸気を十分に通すためで、底が抜けるケーキ型などでもいいでしょう。

ここで作ったのは基本的な白い餅で、これに干しえびと大根の炒めたものが入るのが蘿蔔糕《ロウプーカオ》（大根餅）、砂糖が入った甘いのが甜糕《ティエンカオ》で、点心としてよく使われます。

5　仏間のお供えもの

中国の伝統的な住居はおおむね仏間を中心に造られている。私が生まれたのは台南市の中心部にあるコンクリートのビルディングで、その後、引移った郊外の安閑園という家も、シャワールームや水洗のお手洗いなどの近代的設備を施した比較的新しい家だったが、父が神仏を深く尊重したこともあって、私の家でも仏間は家中でいちばん大切な場所だった。年越しの夜や家長の誕生日をはじめ、家内の主だった行事や儀式はすべて仏間でとり行われた。大ぜいの一族が集まる親族会議もたびたび開かれたし、兄たちがお嫁さんを迎える結婚式もここで挙げられた。

仏間は大きな細長い部屋で、左右の壁際には背の高い椅子がサイドテーブルと交互にずらりと置かれ、真中は広くあけてある。親戚中が集まったときには大人たちが五、六十人は坐れただろうか、はみ出た子どもたちはめいめいにスツールを持出して部屋の中央に腰を下ろした。細長い部屋の突当りが壁いっぱいの大きな仏壇で、細かな彫刻を施した黒檀の仏壇は左、右、中央の三室から成って、真中が観音さま、向って左がご先祖さま、右には天公《テンコン》さまと大道広《ダイトウコン》さまがお祀《まつ》りしてあった。

父は朝、洗顔をすませると真直ぐ仏間に行き、長い時間をかけて朝の礼拝をする。私たちは学校に行く前に仏間に寄って、戸口でちょっとお辞儀をするくらいで出かけてしまうが、父は観音さま、ご先祖さま、神さまのそれぞれに蠟燭《ろうそく》に火をともし、線香をあげて長々とお祈りしていた。あまり長いこと祈っているのでなにをそんなにお祈りするのかと聞くと、きまって、

「家族のこと、会社のこと、この町のこと、私たちの国のこと、世界の平和のこと」

と言う。毎朝、家内安全から世界平和に至るまでのフルコースのお祈りを唱えるのだから時間がかかるのも当然で、ときには家族の問題や事業のことで神さまにお伺いをたてる日もあって、そんなとき父の礼拝はもっと長々しいものになった。

天公さま、大道広さまのお二人がわが家の大切な神さまだった。世界のすべてを支配するいちばん偉い神さまが天公さまで、大道広さまは天公さまの配下にあたる神さまである。天公さまの下にはほかにも大ぜいの神さまたちがいて、それぞれの役目を分担していた。その中でも、親戚や友達など私が知っている家々でいちばん多く拝まれていたのは馬祖《マソ》さまで、馬祖さまは海をつかさどって舟の安全を守ると言われており、よく旅をする人や漁師たちにとくに信仰が篤《あつ》かったと聞いている。体が弱かった私の主治医の、漢方の先生のところも馬祖さまだったと憶えている。

わが家の大道広さまは学問とか事業、家内安全などが受持ちだったらしい。三十センチほどのお像は金の冠をかぶったとてもいい顔をしていて、襞の多いおもおもしい宮廷服を着て、背の高い椅子に坐っていた。

神さまにお伺いをたてるにはそのための特別の道具があった。朱塗りの二つひと組みのその道具はちょうど手のひらに載るくらいの大きさで、勾玉《まがたま》型とでもいうような曲線と丸味があり、上面はこんもりと丸く、下面は平らで二つの底と底はぴったりと合わさった。私たちはこれを「ハイ」と言っていたのだがどんな字を書くのかは知らず、「杯」では少しおかしいけれど、仏壇にはなんだかわけのわからない飾りものもいっぱいあるからそんなものの一つなのだろうと思っていた。ところが最近になって、

「お父さまが使ってらした占いの道具、あれ正式にはヤオというものなんですって」

台北に住む姉がどこかで調べてくれて、私たちはみんな、知らなかったなあ、「ヤオ」かとあらためてその名を知ることになった。ヤオは「筊」と書くとのこと。しかしたいていの家の仏壇に置いてあったこの道具は、どこの家でも「ハイ」と呼んでいたように記憶しており、こちらの名にもなにか根拠がないわけではないのかもしれない。ヤオはお寺の祭壇にもあって、願いごとをする人たちは必ずこれを手にして神さまにお伺いをたてる。大衆的な大きなお寺に行くと、お盆ほどもありそうな大型のものが置いてある

こともあった。

神さまにお伺いをたてるときは、ヤオを一つずつ両方の手にのせて仏壇の前に立ち、心の中でお尋ねごとを念じながら床に落す。ヤオの一方が平面を上にし、もう一方が平面を下にしていたならばお尋ねごとは「良し」。両方の平面が下になっているときは「悪し」。ところが二つとも平面を上にしていた場合は「笑」、神さまが笑っておられるのだそうだ。持ちかけた相談ごとがおかしいのか、「おいおい、それはないだろう」というのか、神さまが相談人をからかっているのだという。頭を冷やして出直して来いという意味かもしれないし、とにかく「良し」「悪し」の二つだけでなく、含みの多い不明瞭な答えも用意されているというのがなんともおおらかな中国の神さまらしいことだった。

父がこのお伺いをするときには、私がいれば私、母がいれば母というふうに必ず家族の誰かが付添ってそばに立った。床に落ちたヤオを拾って父の手にのせるのである。父は真直ぐ仏壇のほうを向いたきりで、けっして下を見たりはしない。私たちが床に落ちたヤオをそのままの型で父の手にのせると、はじめて父は自分の手の中を見て神さまのお告げを判断した。仏間の床は大理石で、ヤオが足元に落ちると、からりととてもいい音がした。固い床に落しても遠くまでころころ転がるようなことはなく、ほとんどが落ちた位置で止まった。

家の中の大事なことはすべて、兄や姉の結婚問題ももちろん、このお伺いにかけられた。恋愛結婚だったりお見合いだったり、一人一人のケースは違っても、どの結婚も最終的には父のお伺いで「良し」のお墨付をもらって決められたものである。

「あのときは私、本当に決心していたの。もし凶なんて出たらひっくり返してお父さんの手にのせるつもりだった」

何年も前の、父を欺いたかもしれない覚悟のほどを話してくれたのは三番目の姉である。私がまだ小さかった頃、一人の兄が恋をしていた。家族ぐるみの付合いで、父も母も、ほかのきょうだいたちもみんなが好意をもっていた相手だったが、さて結婚となれば例のお伺いをたてなければならない。いよいよ今日は神さまにお尋ねするという日、ヤオを拾う役がこの姉に回ってきた。

「お兄さんたちが本当に愛し合っていたのはそばにいてもよくわかったわ。この結婚が悪いわけなんてない、二人は絶対、結婚するべきだと思ったの」

もし凶だったとしてもそれは神さまのちょっとした手違いで、だからといって結婚を許さないというのはまちがっている、二人の幸福のためだったら父を偽っても仕方がないと決心したのだという。父はその日も長いお祈りのあと静かにヤオを持って立ち、真直ぐに前を見たまま、からりと床に落した。

姉の不退転の決意が通じたのかどうか、神さまのお告げは見事に吉と出て、兄は無事に相愛の人と結ばれた。神さまのめがねに適ったからだろうか、私の兄や姉たちはどこの家も、こんなに仲が良くていいのかと言いたいくらい円満で、大ぜいの親戚が集まったときでも、各夫婦はいまだに隣合せの椅子に寄添って坐るのである。

私と妹とが結婚するときは父はすでになく、私たち二人は神さまへのお伺いなしに結婚することになった。そのためだったとは言わないが、私は別れることになってしまったし、妹はまずまず幸福に暮らしているくせに、生活の愚痴こぼしのついでに冗談めかした口調で、

「やっぱり私とお姉さんは、お父さんのアレがなかったものねえ」

真剣に信じていたというのでもないけれど、朝のうちはお精進を守っていた父親が娘のために心を清めてお尋ねする神さまのお告げである。「良し」というお墨付をもらえるものならばもらって嫁ぎたかったと、妹も言いたいのだった。

仏間は家中でいちばん早く、朝六時頃から掃除が始められていた。父が礼拝に入る前に仏壇の扉を開けてすっかり拭き清め、新しい花と果物をあげておかなければならない。

複雑な彫刻が多い仏壇を拭きあげるのはひと仕事だったろうが、黒檀の仏壇はいつも艶々と、大理石の床は人影を映すほど磨きこまれて、部屋には清浄で静かな空気が満ちていた。

毎朝あげられる季節の花や果物のほかに、特別な祭祀の日には花や料理が山のように供えられた。仏壇にはそのための仕掛けが隠されていて、手前の棚を引出すと入れ子になったテーブルが次々と出てきた。四つぐらい組込まれた入れ子の机は全部出すとかなりの大きさになり、お正月や父の誕生日、先祖の命日などは、このテーブルが花と料理でいっぱいになるのだった。

お供えされる料理は鶏のローストとか魚の揚げものが中心である。日本のお仏壇のお供えと違うのは必ずしもお精進ではないということで、神仏を一緒に祀ってあるためもあってか、お供えはむしろ生贄を捧げるという意味合いがつよくて、鶏でも魚でも一匹を丸のままの形で使うのである。町のあちこちの霊廟に行けば、それこそ鼻の頭から尻尾の先まできれいに揃った豚の丸焼きを見ることもあって、そんな日は誰か大きな願いごとをした人がお供えを張込んだらしかった。鶏やアヒルや鴨は竹串やたこ糸を使って頭をしゃんと持ちあげ、脚も行儀よく揃えて生きている姿さながらでお皿に坐っていたし、魚も胸ビレや尻尾がピンと立つように注意深く火を通し、頭を仏壇に向けて飾ってあった。素材の形がはっきり見えることが大切で、料理はたいてい丸焼きか揚げもの、蒸しもの。野菜類はかるくゆがいて青味を残しておいた。家庭のお仏壇のお供え料理は、あとのお下りを家族が頂くわけで、このときに多少の手直しをするから、お供えの段階ではごく軽い味付けにしておくのが肝心である。

お正月はもちろん、各お節句、ご先祖の命日とお供え料理のあがる日は多い。ことに中国人は先祖の祀りを大切にして、三代も四代もさかのぼって、生まれた日と亡くなった日の両方を記念するので、私の家では月に二、三回は必ずなにかの物日になった。そのたびにコックはフルコースのお供え料理を作り、また親戚からもどうぞお供えして下さいと料理が一式届けられる。五コースも六コースも料理が集まることも珍しくなく、大きな籠に入れた料理を持たせてやってきた人々は、仏間の礼拝が終るといそいそと食堂に集まって、お下りが仕上げ直されるのを待った。先祖を敬う気持ちがつよいのも本当だが、理由が何であれ中国人は大ぜいで賑やかに食事をするのが大好きで、ご先祖さまにかこつけては月に何度も集まってお喋りに花を咲かせるのである。世の中が忙しくなるにつれて、全員の顔が揃うことは少なくなったが、それでも今日はなにかの日というときの食卓を家族だけで囲むことはまずなかった。ご先祖の日にはなるべく故人が好きだった料理を作ることにしていて、母は祖母からの口伝えで一人一人のご先祖さまの好みをよく心得ていて、台所を手伝う私たちにも、このお料理は誰それさまのお好みと、会ったこともない昔の人の話を聞かせてくれたが、何代も昔の、あまり遠いご先祖だと味の好みまではもう誰も知らなくて、そんなときは集まりそうな顔ぶれによってお供え料理が決められることもあった。

お節句のお供えできまったものに三月の潤餅《ルンピン》と五月のちまきがある。

中国で春の到来を祝って食べる春餅《ツンピン》は、ちょうどクレープのような皮でいろいろな具を巻いて食べる楽しい食べものだが、地方によって少しずつ違っていて、厚みのある餅のような皮にたっぷりの具をはさんで食べるものと薄焼きの皮でくるくる包むものの二種類がある。薄いものは春巻きの皮と同じで、私たちはこちらを潤餅と呼んでいた。大陸ではおもに皮の厚い春餅を立春に食べると聞いているけれど、台湾の人は皮の薄いものほうが好きで、私たちの町では旧暦の三月三日が潤餅を食べる日だった。三月三日といっても日本のように女の子の成長を祝うという風習はなく、上巳の節句のこの日を一つの節目として、神仏に潤餅を備え、お下りを頂戴したのである。台南の町では冬の寒さがやわらぐと春巻きの皮を焼く職人が屋台の店を出し、私たちは春をまちかねて、お節句までの間にも何回も潤餅を食べた。薄焼きの春巻きの皮は具によっていろいろな変化がつけられ、ちょっとしたお昼のもてなしにもなったし、午後のお茶の点心にもなった。

台湾の潤餅は具の種類の多いのが自慢で、それぞれの家、それぞれの地方ごとに特徴がある。よそでご馳走になるのも楽しかったが、わが家では小えびの酒蒸し、薄味の焼豚、からすみ、錦糸卵、豆腐をギュッと圧縮した豆腐干《トウフーカン》の炒めもの、もやし炒め、筍、炒り豆腐、炒り卵、それに絹さや、人参、椎茸、セロリを軽い塩味に炒めたものなどがいつもひと通り用意されるものだった。春巻きの薄皮を皿に広げて、甘い味噌だれかピーナッツの粉を塗り、味噌のときには薬味にせん切りの長ねぎを置いてから好きなものを好きなだけとって包むのだが、そのなかに必ずからすみをひと切れ入れるのが台湾風の味の秘訣で、くるくると畳んだ端っこに、糊のかわりに腐乳《フールー》をちょっとつけると、きれいに包めて食べやすい。めいめいが自分で包むというのが楽しくて、大人も子どもも思わず箸がすすんだ。

皮の厚い春餅はクレープよりもう少し厚めの粘りのある歯ざわりで、粉をこねて家でも作った。が、春巻きの薄皮を焼くのだけは熟練した職人でなければできない特殊なもので、春が近づくと屋台が出るのが待遠しかった。潤餅を焼く職人の商売道具は水と粉を混ぜたボールと熱く熱した鉄板に右と左の二本の手だけで、あとはなにもいらない。

ボールの中身をすくった手をぐるぐる回しながら、もう一方の手で焼けた皮をはがし、空いたところに材料をジャッと入れる。焼ける間に次の材料をすくって、手はいつもぐるぐる回っていた。ボールの中身は普通にすくったら指の間から流れてしまうような柔らかさである。たれ落ちないように絶えず手を回し、手を動かすことで中身はうまくまとまって、鉄板の上できれいな円になった。

左右の手をリズミカルに動かしながら一枚一枚焼いていく、その手の早いこと、まるで魔法でも見るように次々と紙のように薄い潤餅が焼き上る。屋台のまわりにはいつも大ぜいの子どもたちが群がって、鮮やかな手さばきに見とれていたし、焼きたての皮を買いにきた主婦が早く帰って熱いところを家族に食べさせようと小走りに家路を急ぐ姿も、潤餅の季節の町で必ず見かける光景だった。冷たくなった潤餅は、もちろん、油で揚げて春巻きにもするのである。私が子どもの頃、春巻きはその名の通り春だけの食べものだったが、いまは一年中、市場の隅で皮を焼いている。潤餅の楽しさがいつでも手軽に味わえるのはうれしいけれど、野菜の旬が消えていくのと同様にこれも季節の味ではなくなってしまった。

端午の節句は中国では盛大なお祭りで、具がたくさん入ったちまき、肉粽子《ロウツオンツ》を作り、川や海に舟を漕ぎ出して若者たちが競走する。汨羅《べきら》の流れに身を投げた屈原《くつげん》を探して人人が舟を出し、遺骸が魚の餌食にならないようにちまきを川に投げ入れたという故事にならった行事だが、そんな悲しい昔のことはさておいて、賑やかに楽しくお祝いするのである。

ちまきの味は家ごとに工夫をこらした独得のもので、大量に作ってお互いに交換するならわしだから、家中の女たちは総出でちまき作りにかかる。大家族であるうえに大ぜいの使用人がいたから自分の家の分だけでも、かなりの数になったはずだが、親戚にもご近所にも配るためにいったい何百個のちまきを作ったことだろう。私たちは裏庭に大きな作業台を持出して坐り、頭の上に吊した竹竿に藺草《いぐさ》の束をかけておいて、笹の葉で餅米をくるんでは一本ずつ引抜いて縛っていった。山のように用意した笹の葉は小半日で消えて、裏庭には笹のいい匂いだけが残った。

それぞれの家によって味も作り方も少しずつ違うけれど、中国のちまきに共通しているのはたっぷりの具が入った大変ボリュームのあるものだということである。豚肉に長ねぎ、干しえび、干し椎茸などが入り、私の家ではそれに必ず皇帝豆が入ったし、アヒルの塩漬卵の黄身を入れる家もあった。塩蛋の黄身は鮮やかなオレンジ色をしていて、ちまきの中でひときわ目立った。餅米はひと晩水につけてから油で炒め、肉の煮汁を吸わせて笹の葉に詰める。笹のかわりに竹の皮を使うこともあって、このときは一枚の竹の皮で三角錐を作り、縛るのもたこ糸で一か所だけを留めたが、でき上りの香りは笹の葉のほうがよかった。ふつうはせいろで蒸して一、二時間で仕上るが、柔らかいちまきの好きな家では大鍋でそのままゆでる。

よそからの頂きものの変り味もおいしくて、あっちの家のちまき、こっちの家のちまきといろいろに味見するうちに、結局はいつもながらのわが家の味がまた格別で、やっぱりこれだねと、手前味噌の舌つづみをうつのである。仏壇のご先祖さまもおそらく同じ思いで、家伝の味を喜んで眺めておられたにちがいなかった。

ちまきと潤餅以外はきまったお節句の食べものというのはとくになく、七月の七夕、九月の重陽の日の仏壇にはその季節ごとの旬を生かした料理が供えられた。

毎朝お供えされる花と果物は、花は母の丹精の花畑から、果物は庭の果樹からその朝いちばんの見事なものが選ばれる。南の国のことだから花も果実も一年中絶えることがなく、朝の仏間はいつもみずみずしい色彩にいろどられていた。

朝早くもぎとってきた果物は、父の礼拝がすんだあと線香の火が消えれば、お下りを頂いてもいいことになっていた。たいていは午後になってから下げてくるのだったが、ある日、姉や兄嫁たちが慌しい朝の仕事を片付けてお茶にしましょうかということになった。

私はまだ三、四歳で、郊外の安閑園の家に移る前の、台南市の中心街に近い三階建てのビルに住んでいた頃のことである。当時の台南にはコンクリート建築の大きなビルディングといえばデパートと私の家ぐらいしかなく、遠くまで遊びに出てもわが家を見失うことはなかった。果樹に囲まれた建物は一階が父の会社で二階が二十室ほどの住居、三階が父の部屋とパーティなどを開く大広間、それに仏間となっていた。もちろんいまは台南の町もビルがたてこんで周囲の様子はすっかり変ってしまったが、この建物自体は健在で、たしか銀行かなにかになっているはずである。

私の四人の姉のうち上の二人はもう結婚して家を出ていたが、下の姉二人と父母と私、それに三人の兄たち夫婦がこの家で暮らしていた。二人の姉と兄嫁たちはだいたい同じ年頃で、女学校は同期だったという姉と義姉もいて女学生気分が抜けないまま、なにかといえば寄合って賑やかである。その日も兄たちを送り出してひと息入れようと、編みものや本を手に居間に集まってきた。お茶だけでは淋しいわねと誰かが言い出し、

「お仏壇の果物、もうお下り頂いてもいいんじゃない?」

「三階に行って神さまのお下りを頂いて、台所で切ってもらっていらっしゃい」

お使いに出されたのは小さかった私である。三階まで行くと仏間は静かで誰もいない。

小さな子どもの目には壁いっぱいの黒い仏壇はそびえたつように大きかった。私の背丈では仏壇の中の様子はよく見えない。椅子に上ってお供えの果物に手を伸ばしたとき、背後で大きな声がした。私は驚いて椅子からすべり下り、夢中で二階に引返した。胸がどきどきして頭の中が冷たくなってくるようだった。ようやく居間にたどりついて、私はそこで気を失ってしまった。

気がつくと上の姉が私の上にかがみこんでいる。私はソファに寝かされていて、口の中がお酒くさい。小さい子にブランデーでは強すぎるだろうからと、葡萄酒を飲ませたのだという。体を悪くしていた母に代って、この姉は私の面倒をよく見てくれていたのだったが、真青な顔で戻ってきてひっくり返った妹を見て、すっかり動転してしまったらしい。私の意識が戻るまで、それはたぶんほんの少しの時間だったと思うのだが、姉は死ぬような思いで私の顔を見つめていた。

目をあけた私は口の中の匂いに顔をしかめた。葡萄酒ってこんなにまずいものかというのがこのときの私の感想である。それ以来、気を失ったことなど一遍もないけれど、体から力がぬけて冷たい汗が流れ、目の前がすうっと暗くなっていくあの嫌な感じはいまも忘れない。

だがあれはいったい何だったのだろう。仏壇のお線香は本当に消えていたのか、それとも私には見えなかっただけで、まだ小さい火が残っていたのだろうか。背中から聞こえた大きな声は私に何と言ったのだろう。

あとから考えれば説明のつかないことではなかった。父の部屋は仏間と同じ三階にあったから、たぶん父が廊下を通りかかって仏間の扉が開いているのに気付いた、中を覗くと小さな子が椅子によじ登って高いところに手を伸ばしている。そのときお線香にはまだ火があったのかもしれない。火があるうちはお下りを頂いてはいけないきまりなのだから「いけない！」と言ったのか、あるいはそんなところに登って「危ない！」と言ったのか。大きな声で叱られたショックで気を失ったのだと、いまでは思っているけれど、それ以来、私は、仏壇のお供えは午後にならなければ決して頂かないようにしている。

春餅《ツンピン》の作り方

潤餅《ルンピン》の皮は職人芸の極致のようなものですが、皮が少し厚めの春餅は家庭でも十分に作れます。

〈皮の作り方〉　十六枚分

材料　薄力粉一カップ　強力粉一カップ　塩少々　ラード小さじ一～二　打ち粉（薄力粉でも強力粉でも）少々　ごま油大さじ二　サラダ油少々

1　薄力粉と強力粉は合せてふるっておく。

2　ボールに粉を入れ、熱湯½カップに塩とラードを入れて溶かし、粉に流し入れながら箸で混ぜる。

3　あら熱がとれたら手でよくこね合せ、ひとまとまりになったところで、のし板の上に打ち粉をして移し、よくこねる。

4　生地の表面がなめらかになって艶がでたら、濡れ布巾かラップに包んで室温で一～二時間ねかせる。

5　再びのし板に打ち粉をして生地をのせ、直径三センチくらいの棒状にのばして、小口から十六個に切り分け、丸める。

6　丸みをととのえながら手のひらで押して平らにし、めん棒で直径十センチくらいの円にのばす。

7　片面にごま油を薄くぬり、もう一枚の生地をぴったり重ねる。

8　二枚を重ねたまま、さらに十五センチくらいの円にのばす。

9　中華鍋を熱してサラダ油を薄くぬり、二枚重ねの生地を入れて蓋をする。あまり焼色をつけないように注意して、片面あるいは両面を焼く。片面焼きでもふっくらとふくれ上れば焼き上り。

10　火が通ったところで取り出して一枚ずつにはがす（ごま油がぬってあるので熱いうちにすれば簡単にできます）。一枚を四つ折りにして皿に並べる。

生地を薄くのばしたあとは、手際よくすぐ焼いてしまうこと。薄くのばしたまま重ねておくと、焼いても一枚ずつはがれなくなってしまいます。

焼きたてを食べるのがいちばんいいのですが、人数が多くて作りおきしなくてはならないときは、食卓に出す直前にせいろで蒸し直すのがいいでしょう。

春餅も地方によって各種あって、中国でも大陸のほうでは皮の厚いものが好まれるようです。台湾では皮の薄いほうが人気があり、私も薄い皮に具をたっぷり包んで食べるのが好きです。作り馴れてきたら、十六個に切るところを、もっとたくさんに切り分けてみて下さい。

春餅で包む具は、潤餅のときと同じです。具の種類は多ければ多いほど楽しいものですが、ここでは基本になる五種を並べてみました。味のベースにするたれは二種類用意します。

〈味噌だれ〉
材料　八丁味噌大さじ三　酒大さじ四　醬油小さじ二　砂糖大さじ二　ごま油小さじ一・五　サラダ油小さじ一・五
〈ピーナッツのたれ〉
材料　ピーナッツ（炒ったもの）½カップ　砂糖⅓カップ
1　味噌だれは八丁味噌をもとにして練り合せる。小さな厚手鍋に材料を全部混ぜ合せて、焦さないように弱火で練る。なめらかになって艶がでてきたら火を止める。
2　ピーナッツのたれは市販のピーナッツをさらに炒《い》りなおし、細かく刻んで、ふるいにかけた砂糖と混ぜ合せる。

〈春餅の具五種〉
材料　小えび二十尾　豆腐干《トウフーカン》一〜二個　絹さや百グラム　もやし二百グラム　からすみ（小）一腹　長ねぎ一本　塩　酒　胡椒
1　小えびは背ワタを取って厚手鍋に入れ、塩少々と酒大さじ二〜三を入れて蓋をし、ときどきゆすりながら火を通して、九分通り火が通ったところで火を止めてそのまま冷ます。あら熱がとれたところで殻をむく。

2　豆腐干はせん切りにして油で炒めてごく軽く塩、胡椒する。
3　絹さやはすじを取り、塩をひとつまみ加えた熱湯でゆで、斜めのせん切りにして強火でさっと炒める。これも軽く塩、胡椒する。
4　もやしは頭とひげを取ってきれいに洗い、強火で手早く炒めて塩、胡椒をする。
5　からすみは外側の薄皮をはがして、ガーゼに含ませた酒でまわりを叩いて湿らせ、直火でちょっと焙って斜めの薄切りにする。
6　薬味として長ねぎをせん切りにしておく。

具はそれぞれを一盛りにして、めいめいが好みでとって包みます。皮の中央に好みのたれをぬり、味噌だれには薬味の長ねぎを添え、具を数種並べてくるくる巻いて食べて下さい。

6 二人のお医者さん

町の大きな通りに面した漢方薬店は、扉をあけて一歩、中に入ると、それはいい匂いがする。漢方薬のなかには肉桂や当帰《トンクエイ》、丁子、甘草など料理のスパイスとして使われるものもたくさんあって、店の中はいろいろな香りがまざりあい、なんの匂いとも言えない不思議な香りが漂っていた。ここにつれて来られるときはたいていは病気で、熱っぽいとかだるいとか、どこか具合が悪いときなのだが、一瞬、病気を忘れてちょっとうっとりすることさえあった。

店内の高い壁面は、床から天井まで一面に小さな引出しになっていて、何百種類もの薬が納められている。動物の骨や木の実、草の根、大きなものが丸ごと入っている引出しもあれば、薄くスライスしたもの、粉末のものと、薬の形状はさまざまで、したがって引出しの大きさも少しずつ微妙に違っていた。薬の名前は文字でなく記号でしるしてあるので、お客にはどれがどれだかわからないが、お医者さんからもらった処方箋を持ってカウンターに行くと、店員さんはあちこちの引出しにすっと手をのばして薬をとり出して四角な紙に包んでくれた。西洋医の病院でくれる薬包よりちょっと大きめの独得の包み方は、簡単そうに見えるのになかなか真似ができなくて、手際のよさについ見とれてしまう。壁には梯子《はしご》が何本もたてかけてあって、高いところの引出しには、梯子を使って出し入れしていた。小ざっぱりした身なりの店員さんが何人も、梯子を上ったり下りたり、鮮やかな手つきで紙を畳んだりする光景は一日見ていても飽きない。薬屋さんというのは病気でさえなければなかなか楽しいところだった。

体の弱い子どもだった私は、しょっちゅう病気をして、母につれられてお医者さん通いをしていた。漢方薬店の奥には年とった漢方の先生がいて、ときどき私はその先生のお薬をもらっていたのだ。私の具合が悪いと母は、親戚の内科医に診てもらおうか、漢方のお医者さんに行こうか、しばらく考える。

いまでも変らないと思うが、中国では、家族の誰かが病気をするとその家の主婦は、これは漢方医に診せるべきか西洋医に診せるべきかを、まず考える。医師の人数とか医療施設とかの面から言えば、その当時の台湾でも西洋医学が占める割合のほうがはるかに大きかったのだが、町には漢方のお医者さんが何人もいて、漢方薬店はどこも繁盛していた。もちろん、手足がバッサリ切れてしまったとか、骨がとび出したとかの大けがや、突然、高い熱を出す、けいれんが起きるなどの急性の病気の場合は、まっすぐ西洋医の病院に駆けこむわけだが、風邪をひいたあとの咳がなかなか止まらなくてとか、このごろ顔色がさえない、なんとなくだるいのだけれど、というようなときにはやっぱり漢方のお医者さんを訪ねることになる。

漢方でも薬草を貼ったりして外科的な手当てをすることがないではない。しかしそれよりも、病気が長びいて慢性的になってしまったものをどうするとか、あるいは西洋医にかかって一応は処置がすんだ病気の予後をみてもらうといったような、ゆっくり時間をかけて経過をみなければならない場合にいちばん、漢方の本領が発揮されるように思う。中国の人たちはその辺をよく心得ていて、こんなときには西洋医の病院、こういうときには漢方の医者というふうに、使いわけると言ってはおかしいが、それぞれとじょうずに付き合ってきた。

この頃、大陸の大きな病院では西洋医と漢方医がお互いに相談しあいながら患者の治療にあたっているということを聞いたけれど、これはとてもいいことだと思う。西洋医学も漢方医学も、それぞれにどちらか一辺倒というのではなしに、両方で補いあった医療ができたらこんないいことはない。

日本で暮らす私には、病院とかお医者さんといえば、いわゆる西洋近代医学のことだけだし、たまに台湾に帰っても漢方医にかかるなど長いことしていないので、いまの漢方医療がどうなっているのか不案内で、かんたんに比べることはできないのだけれど、最近の日本の病院は機械とか検査に頼りすぎているように思えてならない。適確な診断を下すためには機械による検査も必要のないことではないと思うが、血液検査、尿検査、レントゲン、心電図、なんとかスキャン……とあちこちの部屋を回されているうちに、お医者さんにかかっているのか機械にかかっているのかわからなくなってくる。昔から「病いは気から」と言われるように、いくら最新の医療でも患者に不安感を与えたり、病人を苛だたせたりするのではよい医療とは言えまい。大きなことを言うつもりはないが、日本の人々は中国人の私から見ると何ごとにつけ性急に見える。そうした性急さが、医療にも現われているように思われるのである。

向いあって坐っているだけで心が穏やかになってくるような、安心して病気の身体を委ねられる人、お医者さんにはそんな大きな人柄がにじみ出るような存在であってほしい。機械や検査の数字だけに頼らずに、患者の話をよく聞き、顔色、肌の色を見て、身体に触れて病いをさぐり、医療技術だけでなく精神的な面でも患者の力になってくれるのが、ほんとうの意味での癒し手と言われる人ではないだろうか。

そんなことを思うにつけ、病気がちだった私の子ども時代を見守ってくれた二人の先生のことが思い出されてならない。漢方のお医者さんと、もう一人は遠縁にあたる西洋医で、かかりつけの先生と言うより大好きなおじさまでもあったわけだけれど、二人ながら私にとって忘れることのできない大切な人たちである。

漢方のお医者さんはいつも真白な中国服の長衣を着た、とてももの静かな先生で、まわりの空気までしんと鎮まりかえっているような雰囲気を持っていた。一方、西洋医の先生のほうはしょっちゅう、滑稽なことを言って笑わせる賑やかなお医者さんで、こちらはいつもリュウとした三つ揃いの洋服。外見上はとても対照的な二人だったが、二人とも頼もしい手で病気の子どもの身体も心もしっかりと摑んでいた。二人の先生は薬や注射のほかにも、なにか大切なものを私の心の中に注いでくれていたのだと思う。漢方の先生の穏やかな目を見ているとそれだけでとても安心で、大丈夫、もうじき治ると、胸が温かくなってくる。西洋医の林《リン》先生はいつも明るく愉快で、一緒にいると病気のことなど忘れてしまっていた。それが愛情なのか思いやりなのか、先生たちが心に注いでくれたなにかが、薬や注射の効きめにもまして、子どもの私の、病気に打ち克つ力を育ててくれたにちがいない。

漢方の先生は大きな漢方薬店の奥に住んでいた。大ぜいの店員が立ち働いているお店を通りぬけるとレンガを敷きつめた中庭に出る。台南の町の商家は、ちょうど京都の町屋と同じように、表通りに面した間口から奥へ奥へと建物がつづく造りになっている。

ただし京都の町並みよりは一軒ずつが間口も奥行きもずっと大きいものだった。お店をぬけると中庭があって奥に一棟、また中庭があって一棟。さらにまた中庭、一棟というう具合に、いくつもいくつもつづいていて、四つ、五つの中庭を通りぬけていくうちにいつか裏口から次の通りに出てしまう。建物はたいてい二階か三階建てになっていたが、棟と棟の間に中庭がとってあるので、たてこんだ町なかでも明るく、風もよく通った。二、三階は広い回廊でつながっていて、バルコニーに出ると両隣りはもちろん、五、六軒先までがバルコニー越しに見通せる。お昼前のひととき、女中さんたちが手すりに寄りかかりながらよく通る高い声でお喋りしあっていた。商家の標準的なパターンは、表通りに面して店舗があり、中庭をはさんだ次の棟が仏間のある建物で、その次ぐらいからが住居になる。当主とその家族、祖父母の世帯、結婚した子どもたちが数家族、ほかにも同居する親族があったりして、それぞれがいく部屋かずつ使って奥へ奥へと住んでいた。私の漢方医の先生も表通りを薬局、次の棟の仏間の隣を診察室にし、その奥で奥さんやお嬢さんたちと暮らしていた。

お店を通りぬけた中庭には先生の趣味の盆栽がいっぱい並べられていた。私の先生に限らず、漢方のお医者さんに盆栽はつきものらしく、たいていどこの漢方医の庭にもたくさんの盆栽が並べられていたように憶えている。診療の合間に出てきてチョンチョンとやるのにちょうどいいのだろうか。どの鉢もいつだって見事に刈り込まれていて、整っていない枝などひとつもなかった。庭には必ず井戸が掘ってあって、冷たくいい水が湧いているのが漢方の医家の特徴だった。患者のなかには、その場で薬を煎じて飲ませる必要のある人もいたし、いい水は漢方薬作りには欠かせないものだった。レンガ敷きの地面はいつもきれいに洗いあげられていて清潔そのもの。足を下すとひんやりするような感じである。

井戸のまわりでは小僧さんたちが、採ってきた薬草を絞ったり、ひろげて乾燥させたり、薬研《やげん》を使って砕いたりしている。七輪をいくつか並べてことことと煮つめている土鍋もあった。漢方の薬にはちょうど佃煮のように煮つめたものもあって、たぶんそういうものをつくっていたのだろう。大ぜいが忙しく働いているのだが不思議なことに少しも騒がしくなく、土鍋のことこと煮立つ音が快く響いていた。

井戸のある中庭を通って正面の石段を五、六段上ったところが仏間にあたり、仏間の右手の部屋が先生の診察室だった。やせて背が高く、少し猫背の感じの先生は、もし長いひげをはやして杖をついていたら、まるで絵で見る仙人そのまま。痩身を、真白な中国服の長衣に包んで、本棚に囲まれた、大きな机のある部屋で脈をとってくれた。漢方医というのは、脈をとることと、上下の瞼《まぶた》をのぞくこと、ベロを出してごらんと言って舌をみること、あとはちょっと手で触ったりするぐらいで診察はおしまい。話を聞いて顔色をみて、それで処方箋を書いてくれる。たったそれだけのことで病気がわかるというのは、なんとも不思議でしょうがないが、それが漢方の診察なのである。額にさわった先生の手は大きくて、お年寄りだったせいかとても固く、ゴツゴツした感触だった。

薬の処方以上に、先生が気を配ったのは患者の食事である。ときにはこまごまとしたメニューまで作ってくれ、熱がなかなか下がらなくて食欲もないと相談すると、

「そうねえ、そしたらおいしいスープを作ってあげるといいね、なにかとろっととろけるようなものがいい、実がたべたくなければスープを飲むだけでもいいからね」

「熱が下がらないときはウリ科のものがいいから、そうだ、今晩は冬瓜《とうがん》のスープにしなさい」

「スープは鶏からていねいにとって、それで冬瓜をやわらかく煮て……お子さんはえびは好きかな？　……それだったらえびをすり身にしてお団子にして落したら、きっと喜んで食べるよ、やってごらんなさい」

もの静かなゆっくりした話しぶりで、丁寧に教えてくれた。処方箋を書いてもらって帰りかけると、石段を下りたところでまた呼びとめて、

「あ、そうそう、冬瓜のスープだけではちょっと物足りないかもしれないなあ、子ども

にはカルシウムも大事だから、しらすのご飯でもしたらどうかな」

「しらすの小さいのを選んでまぜご飯にして、かわいいお茶碗にでも盛ってごらん、きっと食べますよ」

「じゃあさようなら、気をつけてね」

私たちが中庭を通りぬけて薬局の中に消えるまで、石段の上でかならず見送ってくれた。私も母に手をひかれながら、さよなら、またねと何度も振り返って、手を振ったりして帰ってくるのだった。

何人の患者が待っていても、一人一人に丁寧に応対して、決してせかせかしない。悠悠とした仕事ぶりで、長衣の裾をゆらして音もなく歩いておられた。先生の履物は奥様のお手製の木綿の布靴で、靴も着物も、いつも洗いたての清潔さだった。

「医食同源」ということがこのごろ日本でも盛んに言われていて、漢方の料理にもつよい関心が寄せられているが、私たち中国人の考え方から言えば、どんな料理も体力をつけるものである以上、広い意味の漢方の食べものである。病気になってから病気を直そうとするのではなく、病気をする前にいい体質を作ろう、体力をつけようというのが第一で、漢方薬のなかには食欲をそそるスパイスの役目をするものもたくさんある。

しかしふだん私たちが家庭で使う薬草類はごく限られたもので、医者でもない者がなにに効く、かにに効くと薬効を言いたてるのはなんとも危っかしい。食べものの側から言う漢方料理と医薬の側から言う漢方薬は、種類も用い方も違って、お医者さんの処方箋にはグラム数も厳密に指定されているし、大人と子どもで使う薬草も変り、西洋医学の薬品と同じように決して素人が勝手に手を出すものではない。

俗に「補《ブウ》」という言葉を使うのだが、ふだんの食事や健康の補いの意味で、私の家ではよく漢方のスープを飲んだ。疲れぎみのときや産前産後によいと言われているが、とくべつにこれこれに効くというようなものではない。おりおりに飲みつづけることで結果として風邪をひかないとか、病気を寄せつけない体が養われるのである。

漢方医の許可なしに使ってもかまわなかったのは当帰《トンクエイ》という薬草と、当帰、川芳《ツアンファン》、百芎《パイチユエ》、旧地《チユテイ》の四種類を配合した四味《スーウエイ》。四味は四物《スーウ》とも言い、同じように八種類の薬草を調合したのが八珍《パアツアン》で、ほかに朝鮮人参、クコなどが家庭料理によく使われる薬草類である。薬効がおだやかだと言っても薬草である以上、そのままではけっして食べやすいものではない。おいしく口に入れるために昔からさまざまな料理法が工夫されて、はじめは、おや、というような独得の風味が感じられても、ふた口めからはするすると喉を通るのだった。

鶏や鴨を丸ごと一羽を壺に入れ、水と酒、ほんの少しの塩と当帰を入れて二、三時間、湯煎にかけたスープは、当帰が不思議なスパイスになって大変まろやかなおいしさである。ほかの薬草も同じようにして鶏や鴨のスープにするし、一緒に壺に入れる組合せによって少しずつ効きめが変ると言って、ウナギやスッポン、ときには燕の巣を使うこともあった。

ウナギはたいていの場合、生きたままがいいとされ、酒と薬草の壺に入れられて大暴れするのを、しっかりと蓋を押えて否応なしにスープにしてしまう。いつものことながら台所中がひっくり返るような大騒ぎで、コックの太い腕でさえたじたじとなるような強豪に出会うこともあった。臆病な私など、つい及び腰になって蓋ごとはね跳ばされそうだった。

今日はウナギ蒸しをすると言われると蓋押えをいいつけられるのがいやで思わず尻ごみしてしまうのだが、しかしでき上ったスープは残酷な光景をすっかり忘れさせてしまうほどのとびきりの美味である。手伝いを命じられてするのでもなければとても作る気にはなれないものだが、それでもあのおいしさが忘れられなくて、思い切って一度挑戦したものかどうか悩んでいる。

朝鮮人参は薄く切って豚の心臓と一緒に蒸したものをよく食べさせられた。子どもの頃心臓が弱かった私を心配して、心臓には心臓をという迷信に近いものなのだが、少なくとも一緒に食べる朝鮮人参は体のためになったはずである。朝鮮人参やクコはそれだけを煎じた飲みものも作った。

　これらの薬草類を使ったスープは、私の家ではお茶がわりだったり、そうめんを入れて夜食にするなどごく日常のものとして家中で愛用していた。しかし特別な使用制限のないこうしたスープも、基本的には通常の健康人が「補」として食べるもので、病気や体に異常のある人はそれなりの注意が必要である。子どもにはあまりたくさん飲ませてはいけないスープもあるし、家族の誰かが血圧が高いとか、熱がある、腫物ができているときなど、母はこまめに漢方の先生に相談して、必ず専門家の指示に従っていた。

　西洋医の林先生は母とは遠縁にあたる幼なじみで、顔をあわせればお互いに相手をからかわずにはいられない、いわばケンカ友達という間柄だった。ある晩、わが家に遊びにきて家に入るなり、

「あっ、くさい！　へんな匂いがするよ、あなたの足の匂いじゃないの」

「いやね、なんてこと言うの」

「あなた、まだ纏足《てんそく》なんかしてるの？　足、ろくに洗ってないんじゃない」

　纏足の習慣はもうすっかり廃れていたし、もちろん母が纏足などしていないのは百も

承知で、いきなりこういう具合に始まるのだ。

ちょうど寒い季節で、その夜はたぶん、台所にからすみがひろげてあったのだと思う。からすみは寒中に出まわるもので、その時期になるとあちこちからいただいたり、家でたくさん買いこんだりもするのだが、届いたものがもうちょっと干したほうがよさそうだとなったら、家の中で少しひろげておく。からすみは食べればたいへんにおいしいものだが、あれを干している匂いというのは決していいものでない。少し生臭い、ムッとするような、まず、イヤな部類に入る匂いで、それがどうしても家の中に籠ってしまうのである。

纏足の人はあまり足を洗ったりしないからか、あるいは夜になって、足を締めているゲートルをほどくと、やっぱりちょっと匂うのか、私は纏足の人を身近に知らないのでなんとも言えないのだが、きっとそんなことだったのだろう。母も負けずに応戦して、二人の舌戦が戦闘開始となる。

昼間、病院に行っても、いつだって賑やかな笑い声が診察室から聞こえていた。なにか愉快な滑稽なことを言って患者を笑わせているのである。一度など、母が静脈注射をすることになって、針を刺しこんでおいてから、体が震えるほどおかしな冗談をたてつづけに投げかけてきた。動けば針があたって痛い、だがこれが笑わずにいられようかという二律背反の苦しみに、注射がすんだ母が怒ったことといったらなかった。

子どもの患者には誰かれなしに、頰っぺたといわずお尻といわず、かわいいかわいいとピチャピチャ叩いて頰ずりする。昔の子どもはよくお尻に注射されたものだが、ことに私のお尻にはチュッチュッチュッとキッスまでしてしまう。注射の前にピチャピチャ叩いて、キュッとつねって、それからチクリと針を刺す。注射がすむとまたピチャンと叩いて、

「はい、おしまい」

くすぐったいのと恥ずかしいので身をよじらせていると、あれよあれよと思うまに終ってしまう。小さな子も泣くのも忘れて、先生の話にキャッキャッと笑って出てくるのだ。

この先生も患者の食事にはとても気を配ってこまかく干渉した。今晩はなにを、明日は、明後日はと、さきざきの献立まで決めていく。一日の診療が終るのがだいたい夜の九時ごろで、昼間はたいへんに忙しい家だものだから、私たち一家がお招《よ》ばれしたりするのはいつも夜になるのだが、遊びに行っている間もしょっちゅう、電話がかかってくる。こんなものを食べさせてもいいか、これぐらいしか食べない、吐き出してしまうのだがなどと、こまごまと問い合せてくるのに、大丈夫、心配ない、あるいは、それはいけない、すぐつれて来なさいと、一つ一つ指示を与え、私たちに、

「ちょっと失礼」

と席を立って、患者を診てくるのもしばしばだった。

「月下美人が咲きそうだからいらっしゃい」と誘われて、ある夏の晩、父や母と出かけて行った。林先生の家には喫茶の専用の部屋があって、よくそこでお茶をいただいたのだが、その晩は、夜更けの中庭に月下美人の鉢を置いて、花と香りを賞《め》でながら夜食をいただくことになった。お茶の趣味が深い先生はあまりお酒は飲まず、町で買いととのえた軽い食事でお茶を楽しむのである。先生のご自慢のお茶室というのは六畳ぐらいの狭い部屋で、壁いっぱいのガラス戸棚にたくさんの茶器が並んでいた。中国の茶器は急須とお猪口《ちょこ》ぐらいの小さな湯呑みがセットになったもので、白磁、青磁、繊細な絵模様、釉の深い色あいのものと、それは見事な古今の名器のコレクションだった。お茶はウーロン茶の鉄観音の系統のものがお好みだったようで、自分で考案したオリジナル・ブレンドをはじめ極上の茶葉が何種類も揃えてあって、

「今日はどれを淹れようか」

と尋ねてくれる。親戚に茶葉を扱う大きな商店があるということで、すばらしいお茶がいただけるのだが、あまり上等なお茶を何杯もごちそうになるので、林家にお招ばれした夜はよく母は、寝られないといって頭を抱えていた。

お茶の上等のものというとお値段も大層なもので、ことに大陸にはずいぶんと凝ったお茶がたくさんある。銀針《インツェン》といってお湯を注ぐと細い針のような茶葉が真直ぐに立って、ガラスのコップで楽しむものとか、さらにはわざわざカビを生やして賞味するものとか、天井知らずと言っていいほど高価なものがいくらでもあって、中国には酒と女ならぬ、お茶で身上を潰す馬鹿息子の話が珍しくなかった。どこの町へ行ってもそんな話の一つや二つは転がっていたが、それでも台湾には大陸ほどの道楽者は少なかったらしい。一般に台湾の人々はウーロン茶やジャスミン茶の系統を好んだようだ。南国の気候風土にあったお茶だったのかもしれない。

林先生の家の隣が有名な萬川《ワンツァン》饅頭店で、夜食好きな台南市民のために夜おそくまで店をあけていた。先生のところはわが家以上の子だくさんで十人もの子どもたちがいて、奥様は家のことだけでも大変なのに、昼間は薬局の窓口に坐って診療の手伝いもなさる。一日中休む間もないようなその忙しい奥様もこの時刻にはやっとくつろいで、萬川の餃皮やお饅頭を食べながら、母と映画の話などしている。先生は月下美人が咲いていくのを待ちながら、月を仰ぎ、夜の庭を眺めていくつも詩を作って聞かせてくれた。月や花を詠みこんだ美しい即興詩で、私たちの国の詩文の伝統はこうやって伝えられていくのだなあと私は耳を傾けていた。小さい頃はただ愉快で楽しいお医者さんとしか思わなかったが、大きくなるにつれて先生の趣味の広さや詩文の教養にふれ、先生への信頼感はいっそうつよくなっていた。

咲ききった月下美人は夜の闇につよい芳香を放って頭がくらくらするほどだ。先生の話に大人たちが腹を抱えて笑いころげている。

「ん？　なんのお話？」

「いいのいいの、あなたにはわからないわ」

すぐれた詩人医師はどうも、艶笑譚《えんしょうたん》の名手でもあったらしい。絶妙の語り口に思わずつりこまれて聞き入り、あっと思うまに深みにはまるという手練の技の持ち主は、すました顔で月を見ていた。

お茶の微妙な味わいを聞きわける繊細な味覚、陶磁器に対する鑑賞眼、ゆたかな詩文の才能、そして艶笑咄にうかがえるいきいきとした人間観、子どもと見ればみんなかわいくて、お尻に頬ずりしてしまう溢れるような愛情。これが私のすばらしいお医者さんだった。もちろん、なにもかもこの通りになどというつもりは全くないが、医療技術以上に、医者にはゆたかな感性と愛情があってほしい。そうでなかったら私たちはそのうち、ロボットのお医者さんにでもかかることになるのではないだろうか。

もうとっくに亡くなったこの内科の先生が懐しくてならないのは、もうひとつ、少しせつないような思い出があるからでもある。

私が生まれたとき、赤ん坊の私を見ていちはやく、

「この子はうちのお嫁さんにもらう」

と宣言してくれた先生。大ぜいの子どものなかでいちばんかわいがっていた男の子の結婚相手にと、母に言ったのだそうである。私より七つ年上の少年だった。いいなずけというほどのきちんとしたものでなく、喧嘩友達の親同士のことである、またいつもの冗談をと思ったわけでもないが、二人が大きくなってお互いに憎からず思うようならそれもいい、と母は考えていたらしい。

そんな話は少しも知らなかったけれど、不思議なことに二人は、他のきょうだいにも増して仲良く育った。少年にとって七つも下の女の子は、かわいい人形のような存在だったのだろうか。なにくれとなく面倒をみてくれて、学校へあがるようになれば宿題やノートの整理など、よく手伝ってくれた。戦争が激しくなって台南にも空襲が始まると、学校へ行くのに必ず救急袋を携帯しなければならない。私の救急袋はいつも彼がきちんと点検して、包帯、マーキュロ、消毒用のアルコールを浸した酒精綿のケースなど、お父さんの診察室から使いやすいものを選んで入れてあり、クラスでいちばんの救急袋だ

った。

しょっちゅう、病気をしていた私が、例によってお尻をむかれてピチャピチャ叩かれている最中に、彼が診察室を通ったりすると身も世もなく恥ずかしい。彼は自分の家だから、お父さんや看護婦さんに用があってたまたま入ってきたのだろうけれど、七つ八つの女の子は屈辱感で真赤になった。

「いいものがあるんだ、散歩に行こうよ」

安閑園の私の家の前には大きな養魚場がひろがっていて、ときどき彼は私をそこへ連れ出した。長い足でさっさと歩く少年を、私は小走りに追いかける。前を歩いていた彼が、突然振りむいて、はいっ、と私の口になにか入れてくれた。

「あっ、チョコレート」

その頃、町ではチョコレートなどもう見ることもできないような時代だった。病院で治療を受けた南方帰りの日本の兵隊がお礼にくれたという貴重品を、そっくり私のために持ってきてくれたのだ。

振り返りざま、チョコレートを一かけずつ、すばやく口に入れてくれた少年は、戦争が終ると台北の医大生になり、前途有望な青年医師になって、ある年、結婚の通知が来た。私は私の家族と一緒にその祝宴に招かれて、やさしいお兄さんと慕った人の晴れ姿を眩しく眺めた。それは少女時代の甘ずっぱい夢のような思い出だった。

「もうすっかり昔話になっちゃったけど」と前置きして彼が話し出したのは、何年か前に、学会があって日本に来たときのことである。むこうが中年の紳士なら、こちらも大きな息子がいる年齢になっていた。

「あのときはショックだったよ、まさか断わられると思わなかったから」

「……？」

「親父と一緒に正式に申し込んだら、お母さんにはっきり断わられちゃったんだもの」

まさか、そんなの嘘でしょうと言うと、

「いや、ほんとうだよ。はっきり断わられたんだ」

母も数年前に亡くなって、確かめるすべはないけれど、母がそんなふうに断わったとは思えない。中学生か高校生だった私に結婚とか婚約なんて早すぎる、まだ子どもじゃない、なに言ってるのよと、幼なじみの気安さでポンポンと言い返したのではなかったのか。

「でもね、断わられて親父と二人、よくよく考えたら、なにもかも焼けてしまった僕の家は、あなたの家とはもうとても釣り合いがとれなかったものね」

そうだったのだ、先生の病院は終戦の年の空襲ですっかり焼けて、なにもかもすっかり失くしておしまいになっていた。その後、かなり長い間、親戚の葉茶屋さんに間借りして診療をしていた。でもちがう、母が言ったのは決してそんなことではないはずだ。

「もう少し待ってよ、まだまだ手許に置いておきたい娘なのよ」

たぶん母はそう言いたかったのにちがいない。けれど言葉は行き違ってしまった。広大な地所も家作も、なに一つ損なわれなかった辛家と、焼け出された自分たちの不釣合を思って、彼の気持ちは挫けたのだという。

はじめて聞いた話に、私はしばらくぼうっとしていた。結婚して日本に来て子どもを産んで離婚して、それからいろいろなことがあった十数年が経って、夢みる少女も不惑の年を越えたのに、その日はさすがになかなか寝つけなかった。戦争がなかったら、空襲で病院が焼けるようなことがなかったら、私たちはどうなっていたろうか。チョコレートの甘い思い出とばかり思っていたものに、ビターな味が隠されていたのを知って、そのほろにがさに胸が痛んだ。

戦争やそれがもたらした混乱は大ぜいの人びとの運命を狂わせたが、私の漢方のお医者さん、羅先生の家にもむごたらしい爪跡を残した。

戦後しばらくの間、台湾では非常に治安の悪い時期があって、台南の町でも凶悪な犯罪がいくつか起っていたが、ある夜、先生のお嬢さんが二人、強盗に殺されるというショッキングな事件が起った。上の階で寝ていたお嬢さんたちが物音に気づいて目を覚まし、激しく抵抗したらしい。中庭に突き落されて、盗人は逃走。お嬢さんはお二人とも亡くなられた。なんということをと、私たちは言葉もなく、お目にかかるのも辛いような日々だったが、しばらくは悲しみのうちに過されて、またある日から以前と変らない、いつも通りの診療を始められた。まるで何事もなかったかのような、淡々としたご様子だった。

このたびは……とお悔みを言いかけるのを、あ、それは、というふうに手をあげて遮って、そのときだけはちょっと表情が動いたようだったが、すぐまた元の柔和な顔に戻って、

「どうしたの、また熱が出たのかな?」

と私の顔をのぞきこむのだった。

診察がすんでいつものように石段の上で見送ってくれる先生に、

「ありがとうございました、さようなら」

と薬局の入口で振り返ったら、うす暗い仏間を背にして立った白い長衣のお身体が、やっぱり以前よりも痩せて、それが癖の猫背ぎみの背中がいっそう前こごみになったよ

うに見えた。深い悲しみが長い影を落していた。

人参鰻魚湯《レンサンマンイータン》の作り方

体の具合の悪いとき、というより、私たち中国人は具合を悪くしないように、ときどきこういうスープを頂きます。強壮剤とでも言いましょうか、朝鮮人参とウナギの、元気が出るスープです。壺に入れて湯煎にかけるので、材料がそっくり入る陶器の壺を用意して下さい。

材料　生きたウナギ（大きめのもの二本）　朝鮮人参四〜五本　酒（米から作ったもの。日本酒でも焼酎でも）二〜三カップ　塩

1　朝鮮人参は薄切り、あるいは水で戻してつけ汁ごと使う。

2　壺の中に生きたウナギを入れ、酒を注ぐ。するとウナギが大暴れするのでしっかり蓋を押えて静かになるのを待つ。

3　静まったところで朝鮮人参と塩を少々加え、水を入れてぴっちり蓋をする。
4　湯を張った鍋に壺を入れ、中火よりやや弱めの火で二〜三時間、湯煎する。

適当な壺がないときはホーロー引きの容器でもいいでしょう。お酒の好きな人の場合、スープ全体の半分くらいをお酒にすることもあります。酒と人参でウナギの臭みはすっかり消えていますし、湯煎ですからウナギの形もそのままで、口に入れるととろりととろける大変おいしいスープです。

暑い台湾の夏を乗り切るために、私たちは夏が来る前にこうしたスープで体力を貯えます。が、日本と台湾では暑さの差もあることですし、いわゆる夏の土用、ウナギの蒲焼でも食べる頃に作ってみてはいかがでしょう。

7　内臓料理の話

子どもの頃、鳥の頭の中には仏さまが坐っていると教えてもらったときから、鳥の頭を丹念に食べるのが楽しみになった。七面鳥はちょっと大きすぎて敬遠したが、鶏、ハト、アヒルとそれぞれに箸やナイフで丁寧にせせっていくと、白っぽい小さな塊がでてくる。それがちょうど仏さまの坐像のような形をした脳みそで、中国では脳を食べると頭がよくなると言われていたから、私もきっと聡明になれると信じて、鳥料理のときには必ず頭をもらうことにしていた。鶏だったらトサカから喉の赤いところまでよく煮込むと、柔らかなゼラチン質の口あたりになってとてもおいしいものだった。

鳥に限らず牛豚の頭、足、内臓というと日本ではまだあまりふだんの食卓にのることが少なくて、珍味と言えば聞こえがいいけれど、どちらかと言うとまるでゲテモノのように思われているのは残念でならない。長い間肉食の習慣がなかった歴史的背景を考えればしかたがないことかもしれないが、私たち中国人はもちろん、フランスやドイツの人たちも同様に、一頭の動物はそのどの部分までも余すところなく食べつくす。人間に食べられるために一つの生命が失われるのだから、そのことを思うと肉だけとってあとは捨ててしまうようなもったいないことはできない。流れ出る血から尻尾の先まで食べてやることが犠牲に報いる最良の方法であり、またそういう宗教的な考えとは別に、内臓がもっている高い栄養価と、そしてさまざまに調理を工夫することで得られる美味には捨てがたいものがあるのを昔の人はよく知っていて、たくさんの料理法が今日まで伝えられてきている。

内臓はその各部分が一つ一つ味も歯ざわりも違って、それぞれに独得のおいしさがある。日本ではレバーが比較的よく食べられていて、内臓と言えばまずレバーで、内臓は臭いものときめているようだが、臭みがあると言えば肝臓などはまだいいほうで、胃袋、腎臓の臭みはそれは大変なものである。一般に臓物の調理の最大のポイントは臭み抜きにあることはまちがいないが、心臓や脳みそには臭みは全くなく、内臓料理といってもいろいろで調理法の奥は深い。ふだん食べるお惣菜むきの料理がある一方、調理に高度な技術が要求される高級料理もあるのである。ことに脳みその料理は、お正月いちばんのごちそうであるからすみと同格といっていいほどの、第一級の食べものであると私は思っている。

魚介類とちがって豚に旬があるとも思えないが、脳みそ料理にはどうやらシーズンというものがあるらしい。一年のある時期、脳みそが手に入りにくくなるのである。中国人らしい迷信で、足が悪いときには足、心臓が弱っているときには心臓を食べるといいと言われているのと同様に、脳みそは頭をよくする。受験シーズンが近づくと、受験期の子どもがいる家ではなんとかこれで頑張ってもらおうとどっと買いに出るのだが、どんな大きな牛や豚でも大事な脳はたった一つしかないから、たちまち脳みそは市場から姿を消してしまう。朝早く駆けつけてももう売り切れという毎日が続いて、受験の子を持つ親は町中を東奔西走するのである。首尾よく手に入って食べさせたところで無事に合格という保証があるわけはないのだが、そこが親心で、目の色を変えて探し回る。親しくしていた西洋医の先生の家でも俗信、迷信と片付けてしまえずに、大ぜいいた男の子たちが次々と受験を迎えるたびに、脳みそは手に入りませんかとあちこち尋ね歩いて食べさせていた。

頭がよくなるとか脳軟化症にいいなどという実利(?)的な面はともかく、脳みその料理は他に類をみないすばらしいおいしさがある。丁寧に薄膜をはいだあと、一口に切って衣をつけて揚げ、甘酢あんで食べる脳みそのとろりとした舌ざわりはなんとも言えないものだし、このほかにも中国の脳みそ料理は数限りなくあるのだが、いちばん簡単でそれでいて最高においしいのは、ほんとうに新鮮な脳みそで作るスープである。やわらかな脳をこわさないようにそっと器に入れ、塩と酒と上等のスープに生姜汁を滴らして湯煎にかける。ただそれだけの料理だが脳そのもののおいしさをこれほど満喫できるものはない。

豚の耳は中の軟骨と皮がおいしい。耳を食べると耳がよくなるとは中国でもさすがに聞かないが、きれいに毛を剃った耳を長ねぎ、生姜の香味野菜と一緒にゆでて臭みをとり、すっかり冷ましてから せん切りにして針生姜と炒めると、コリコリした歯ごたえの一風変った料理になる。日本でも沖縄あたりではよく食べるのではないだろうか。

顔を食べるという言い方をすると私でもちょっと抵抗があるけれど、牛や豚の額から鼻先にかけてはやはり顔としか言いようがない。この部分はおおむね皮と多少の脂肪から成っていてなかなかの味わいである。大きなお祭りで豚を一頭丸焼きにしたときなどたいていはそのまま食べるが、もし食べにくかったりして残るとあとで煮込み料理に使うことになる。しかし顔そのものを食べようという場合、まず縦に真半分に割る。ちょうど鯛の頭をあらだきにするときに二つに割るような具合である。これを大釜でゆであげ、ドイツ人は刻んでソーセージに入れるようだが中国人は薄くスライスしてにんにく醬油につけて食べるのが好きだ。ゆでたものをもう一度醬油味で煮込んだのもまた格別なものである。

舌はさまざまな料理法がある部分で、ヌメリと臭みを十分にとってから使う。牛の舌は一皮むく必要があるが、豚はヌメリさえきちんととればそのままでもかまわない。ごく新鮮なものだったらゆでてそのままをスライスして、醬油の中ににんにく、長ねぎのみじん切り、干しえびを摺ったものとかザーサイを刻んだもの、生姜汁などを加えて、これにつけながら食べる。前菜や酒の肴にぴったりで、ほかにも燻製《くんせい》にしたり炒めたりソーセージにしたり、中国風でも洋風でも用途が広い。ことに洋風のシチューは日本でもポピュラーな料理だが、ときどきシチューにしようと煮込んでいて、いくら煮ても柔らかくならないタンに当ってしまうことがある。そんなときは急遽、献立を中国料理に変えてしまう。せん切りにして生姜や野菜で炒めると、固いタンもおいしく食べることができるのである。

まだ二十代で、料理を教え始めて間もない頃、九州の養豚協会に呼ばれて内臓料理の指導に出かけた。指定された通りの時間に会場についたのに、女がなにしに来たと言わんばかりで誰もとり合ってくれない。そのうちに講師はどうした、遅いじゃないかと声が上って、隅からおずおずと名乗り出たら今度は向うがびっくりした。豚一頭を丸々料理しようというのだから、まさか小柄な若い女が来るとは思ってもいなかったらしい。

萩、防府と回った講習会で、夜は海の近くの宿に市長さんまで来て、芸者さんを呼んで歓迎してくれたのだが、講師が若い女では接待するほうも張合いがなかったことだろう。私も日本にきてまだ何年も経っていなくて、芸者さんが出る日本風の宴会も知らなかったし、衿足にまでお白粉を塗った年輩の芸者さんにショックを受けて早々に部屋に引上げた憶えがある。三十年以上も日本に暮らしたいまなら、それなりの情緒を理解して楽しく過せたにちがいないのだけれど。

しかし、実はこのときまで、豚一頭を丸々料理した経験が私にはなかった。脳みそ、心臓は大丈夫。胃袋も腎臓も何度も料理したことがあるし、もちろん大腸、小腸はしょっちゅう扱っている。子宮、足、頭、全部できる、が……問題は肺だった。これだけは今まで一度も経験したことがない。かなりいろいろなものを食べていた私の実家でもめったにしなかった料理で、ごく小さい子どもだった頃、コックがたった一度作ったのを見たのか、あるいは話を聞いたのだったか、それさえも確かでない遠いできごとを記憶の糸が千切れないようにそろそろと引摺り出しながら、私は料理のイメージを組み立てていった。

他の人に話しても信じてもらえるかどうかわからないことだが、私になにかたった一つ、人と違う能力があるとすれば、こと料理に関する限り、一度でも見たことがあるとか食べた、聞いたという経験があれば、十中八、九、まずまちがいなくその通りに再現できるということだろうか。この方法で私は今までにもいくつかの料理を作ってきていたし、今度も焦らずにゆっくりと思い出しさえすればきっとできると信じていた。

肺は動物の臓器のなかでかなりの大きさがあるもので、気管支が通っている肺門を真中にして左右の室にわかれている。記憶の糸をたぐると昔、うちの台所で大男のコックの大水《タアスイ》が気管支を口に咥《くわ》えて、顔を真赤にしてふうふうと息を吹き込んでいた様子が目に浮んできた。肺を大きくふくらませて、再びシューッと空気を抜いたのではなかったろうか。あれは何をしていたのだろう。そのあと肺の中に白い液体を注ぎこんでいたけれど、たぶん片栗粉の水溶きにちがいない。食べたときのぷるぷるした感じはきっとそうだと思う。空気を入れてまた抜いたのは、肺を一度十分にふくらませて細かな肺胞の襞を伸ばしきっておいて、あとで入れる片栗粉が入りやすくするためだったのだろう。

私は下ごしらえの手順を思い出しては、なぜそうするのかを納得がいくまで考えて一つ一つの作業を確認していった。そしてたぶんこれで大丈夫というところまでいったのだが、しかしあらかじめ作ってみるわけにはいかない。

その頃、東京で手に入る内臓といえばレバーに鶏モツ、牛舌、オックステールぐらいで、ソーセージを作る小腸でさえ辛うじて、という状況である。豚の肺臓などとても無理な話だった。だが、だからこそ私はこの仕事を引受けて出かけて行かなければと思っていた。肺を料理する絶好のチャンスである。今を逃したらこれから先、いつ肺臓料理ができるか見当もつかない。肺だけでなく、台湾でしょっちゅう食べていたいろいろな臓物料理を、東京に来てから長いこと作っていなかった。新鮮な脳みそ、新鮮な心臓、どれもみんな独得の魅力にあふれていて私の心は躍った。

解体されたばかりのまだ生温かい肺臓を、とにかく血だけはきれいに洗い流してもらって下ごしらえにかかった。小柄で肺活量も少ない私は、大水のように気管を口に咥えて肺をふくらませるわけにはいかない。考えた末に自転車の空気入れを用意してもらって、そのポンプを押して肺に空気を送り込んだ。水溶きの片栗粉が隅々まで詰まってパンパンになった肺の口をきっちりと縛って大釜でゆでる。あまり強火では破けてしまうのではないかと考えて、西洋の人がソーセージをゆでるときの湯温が七十度というのを目安にして、皮が破けないようにゆっくりとゆで、一通り火が通ったところで火を強めてまずまずのイメージ通りにゆで上った。湯からとり出すと片栗粉がぷるんぷるんに固まって、手触りはコンニャクを柔らかくしたもののようである。コンニャクとくず餅の中間ぐらいというのが正確なところだろうか。

このまま薄く切ってお刺身風に食べてもよし、野菜と炒めてもよしというくせのない結構なものである。私がいちばん好きなのは新生姜のせん切りをたっぷり用意して、肺臓もせん切りにして炒め合せたもので、鍋肌から入れる酒と醬油、一味唐辛子少々で味をつけた。

プロの調理人相手の講習会だったが、参加者は誰も私がはじめて肺を扱ったと思わず、私自身も我ながらよくやったと感心するほどのでき栄えだった。このときはむろん、頭のてっぺんから足の先まで一通り全部の臓物を料理してきた。とり出したばかりの血みどろの内臓をきれいに洗うところから始まって、一切合財の下処理を自分の手でしたのは、私にとってもいい勉強だった。腸の汚物をとり除く道具などは箸の太いもので代用するなどして、いろいろに工夫したのである。

台湾の市場でも私が小さい頃は、少しはきれいにしてあるという程度の臓物が売られていたのだが、年々きちんと始末されるようになって、腸の中身がすっかり整理されていたり、最近では臭みとりの下ゆでまでしてあったりして家での調理がらくになった。しかしその分だけ、湯気が立つような新鮮なものからはほど遠くなったわけでもある。

心臓は内臓の中でももっともおいしい部分である。臭みやくせが全くなくごく新鮮なものが手に入ったら、ゆでてお刺身風に食べるのがいい。生姜汁を滴らした酢醬油とか、生醤油におろしにんにくを入れたもの、または生姜や香菜《シャンツァイ》、にんにくなどいろんな薬味を入れた酢につけて、好みの味で食べるのがいちばんおいしい食べ方だろう。ただ東京ではこうやって食べられるほどの生きのいい心臓がなかなか手に入らなくて、どうしても濃い目の味つけにすることになる。私がよくするのはねぎ、生姜を入れてゆでた心臓を中華鍋を利用して作る燻製である。チップの代りに古くなった紅茶の葉、米、砂糖を使って煙を出すのである。

子どもの頃の私は虚弱で心臓が弱かったので、昔からの言い伝え通りしょっちゅう心臓を食べさせられていた。三時のおやつ時にひと月も続けて毎日出されたこともあった。豚の心臓はだいたい男の人の握りこぶしくらいの大きさがある。これに包丁を入れて切り開き、さらにところどころ包丁を入れて朝鮮人参の薄切りをはさみ、少々の水と塩で蒸し上げて、薄く切って汁ごと食べるという料理を、母は一か月も作り続けたのだが、心臓一個分といえばかなりの量である。体の弱い子は食も細くて、少し箸をつけるとすぐおなかがいっぱいになった。一皿をもて余していると必ず隣に坐っている妹から声がかかった。

「おねえさん、それあたしが食べてあげようか」

母には内緒でお皿はそっと妹のほうに動いていき、母が私のために料理した三十個の心臓は、ほとんどが彼女の口の中に入って、いつも元気溌剌《はつらつ》の妹はますます元気に、私は悪くもならなかった代りにたいして丈夫にもならず今日まで来た。初出場の音楽コンクールで堂々と最優秀賞をとった妹は、その後国際的な舞台を踏む声楽家になって、私はひそかに、やっぱりあのときの心臓が効いたのだろうか、私が頑張ってみんな食べていたら立場は変っていたかもしれないのにと悔んでいる。

「おなか」という言葉で昔の人は胃袋も子宮も一緒に括ってしまっていたらしい。子どもが生まれない人に胃袋の料理を食べさせるといいとか、女の子ばかりで男の子ができない人にも胃袋がいいとかの言い伝えが残っていて、今から思うと滑稽な感じもあるが「子は家の宝」の中国では真剣に信じられていたのである。そのためもあってかどうか胃袋にはたくさんの料理法があって、中国料理での使い途は大変に広い。中に詰めものをして煮込んでもいいし、薄切りを好みの薬味で食べるのもいい。醬油、八角で煮込んだものはとてもおいしく、干し鮑と一緒に煮込んだスープは絶品とさえ言える味わいである。しかし胃袋はとにかく臭みがつよい臓物で、どれだけきちんと下処理ができるかに胃袋料理のすべてがかかっている。

まずあら塩、みょうばんで外側をきれいに洗い、さらにひっくり返して内側を根気よく何度ももみ洗いする。ヌメリをとるだけでも大変で、細かい襞々の奥の奥まで丁寧にこすりとっていくのである。胃袋料理に急ぎ仕事は禁物で、下ごしらえには十分な時間をみておかなくてはならない。完璧な下ごしらえがすんで長ねぎと生姜でゆでこぼして臭みさえ抜けば、あとはいくらでもおいしい料理ができる。スッポンと豚の胃袋の煮込みなどという贅沢なとり合せの料理もあって、肉でもなく魚でもないスッポンのとらえどころがないような味に、個性のつよい胃袋がよく合って、歯ざわりのいいごちそうだった。

胃袋が子宮にいいと信じていた昔の人は、胃袋と漢方薬を煎じたスープを「換胆《ワアトオ》」と言ってせっせとお嫁さんに飲ませたそうだ。換胆とはおなかを変えるという意味の言葉だが、効果があるとすればおそらく漢方薬のせいだったのだろう。昔気質の私の母も、近所の奥さんがたびたび流産を繰返しているのを知って、折をみては換胆の胃袋スープを届けていたのだが、そのうちになんと三人も続けて男の子が生まれたというので、鼻高々で胃袋の効用を説いていた。

肝臓は日本でもっともポピュラーな内臓で栄養価の高さもよく知られているが、一般に日本の人は臭みを気にしすぎるように思う。血抜きをするといって長時間水に漬けるのを肝臓料理の基本のように言うけれど、私はこれには賛成できない。もともと肝臓はたいして臭みのないもので中国人はあまり血抜きをしないし、長時間水に漬ければ肝臓は水をたっぷり吸いこんでしまって、かえってそのあとの臭みをとるための薬味や調味料を吸収する余地がなく、そのうえいざ調理にかかると今度は吸い込んだ水が出てきて、なんともしまりのない料理になってしまう。肝臓本来のおいしさを味わうために、是非一度、水に漬けない肝臓料理を作っていただきたいと思う。

肝臓もほんとうに新鮮なものならばゆでただけのものをスライスして、好みの調味料をつけて食べるのが、甘味がでておいしいと思うのだが、残念ながらこのところしばらくそうした肝臓に出会っていない。

大腸はやはりさすがに臭みのつよいものである。箸の太いようなもので中の汚物を取除いたあと、ひっくり返してあら塩やみょうばんできれいに掃除してヌメリと臭みをとるのがいちばん肝心な仕事で、それさえすめばさっとゆでていろいろな煮込み料理に使える。大腸とニガウリの煮込みやメンマの干したもの、淡竹の漬物、高菜の古漬けなどとの煮込みがよく作られる料理であり、私の実家独得の名物料理には、大腸のピーナッツと餅米詰めがあった。

豚の小腸を使った母と義姉の得意料理は、内臓を使ったとはとても思えないかわいらしいものだった。小腸を適当な長さに切って一方の端をもう一方の中にどんどん押し込むと、小さなドーナッツ状のリングができる。これをたくさん作って豚の三枚肉とにんにくで煮込むのである。見た目もかわいくおいしくて子どもたちが大層よろこんで食べたものだった。煮込みものに限らず、小腸は炒めてもおいしく、使《つか》い途《みち》の広いものであるが、なんといってもソーセージにいちばん多く使われる。

冬の終りから春先にかけて、母はよくソーセージを作った。お天気がよくて気温があまり上らず、乾燥した日が三、四日続くような季節がソーセージ作りのシーズンなのである。早春の朝、目を覚ましてしばらくいいお天気が続きそうだと思うと、さあ今日はソーセージを作りましょうということになった。朝の市場で豚肉と小腸が買ってこられ、下ごしらえが始まる。豚肉は少し脂肪が入ったようなところがよく、一、二センチくらいの角切りに刻んで酒、醤油、五香粉、砂糖を混ぜ込んで半日くらい置いておき、その間に小腸をきれいに洗って整理した。中身を詰めるのは昼ごろからで、わが家では漏斗《ろうと》の口を小腸にあてて肉を詰めるのに使っていた。ギュッギュッとすき間がないように詰めていって適当な長さのところで腸をひねったり糸で縛ったりしてその日のソーセージの大きさをきめる。腸詰めは作るはしから物干竿にかけて晴天の裏庭にひろげられた。庭の好きな母はソーセージ作りでもちまき作りでも必ず庭のテーブルで仕事をして、戸外の空気を楽しんでいた。天日干しのソーセージなど、空気がきれいな時代だったからできたことでもあった。全部でき上って物干竿がたわむほどずらりとぶら下ると、一つずつ針でつついて空気を抜く。こうして外側の皮と中身がぴったりと合って空気を遮断し、中に入っている胡椒や五香粉が防腐剤の役目を果して、日持ちのするソーセージになるのである。ソーセージはこの日一日、陰干しにされ、夕方になると軒下にとり込まれてまた翌日から二、三日、風通しのいい場所で陰干しし、すっかりでき上ると軒下に吊して保存した。

ソーセージは作りたてを焼いて食べてもおいしいし、もちろん保存したものを網焼きにしたり油で焼いたりする。日が経って少し固くなったのを、ちょっと蒸してからフライパンでゆっくりと転がして焼き上げるのがまたおいしくて、つい何本も食べてしまうのだった。

子宮というのか、子宮から産道にかけてというのか、正確なところはよくわからないが、コブクロと呼ばれる部分はコリコリしてとてもおいしい。きれいに洗ってから香味野菜と一緒にゆでて好みの調味料で食べたり、炒めものにしたりする。産道は大腸や小腸よりはだいぶ分厚くて、ゆでると穴はほとんどふさがってしまう。子どもを産んだ豚でも産まない豚でもおいしさに差はないようだが、あまりたくさんの仔を産んだ豚はどうもおいしくないらしい。

豚の腎臓は中国では大変高価なものである。臭みはつよいがとてもおいしく、昔はおじいさん、おばあさんの口にしか入らないものだったそうである。大ぜいの家族が食べるほどは買えなくて、大事にしているお年寄りの分だけ作ったのだろう。

なにしろ体の中でいちばん汚れた血液が通るところだから大変に臭い。匂いをとるのに何日も何日も水に漬け、しょっちゅう水を取替える必要があるから、下ごしらえには十分な余裕をみておいたほうがいい。私は半分に割って中の脂肪と中央のコリコリした白い塊りを取除いてから水にさらすことにしている。丹念に水にさらすと匂いがとれるばかりでなく歯ざわりもよくなって味わいが増すのである。生姜醬油で炒めたり、五目そば、八宝菜にも入れて楽しむ。

鳥の臓物はほかの動物のものとちがってとても小さいものなので、一羽分の内臓を全部まとめて一緒に料理することが多い。砂肝でもレバーでも臭みがなくて食べやすく、炒めてもよし煮てもよしで、甘酢やぴりっとした辛味をつけていいお惣菜になった。

喉の気管はコリコリして歯ごたえがよく、トサカや足先の煮込みはゼラチン質がやわらかくとろけるようである。ことに水かきがついたアヒルの足は口をつけるとずるずると啜《すす》れて、口のまわりをベタベタにしながら一本ずつしゃぶるのが楽しかった。

鳥の内臓が小さいことから、中国では度量の狭い人、ケチな人のことをさして、まるで鳥の肝のようだと「鶏腸鳥肚《チーツアンニャオトウ》」と言うのである。

肉でも野菜でも素材の鮮度は料理に重要なかかわりを持っているが、ことに内臓料理では素材が新鮮でなければ全く意味がないとさえ言える。臓物の類いを見馴れない人は一様に気味わるがって始めのうちはキャアキャアと声をあげているけれど、見馴れてくれば赤いものは赤く、白いものは白く、褐色のものは褐色に、それぞれに鮮やかにきれいなものである。見るからにいきいきとした美しいものが鮮度のいい健康な内臓で、これをきれいと思えるようになれば今度は、少しでもおかしいもの、古かったり病気がありそうだったりするものは一目でわかる。

おいしい内臓料理を食べるためにはまず臓物に馴れることが肝心である。町の肉屋さんでもレバーや鶏モツばかりでなく、もっと多くの内臓が簡単に手に入るようになってほしいと切実に思う。

産腸《サンツアン》料理の作り方

その日つぶしたばかりの豚のコブクロは実においしいものです。簡単に作れて酒の肴にもいいので、二つご紹介しましょう。

材料　豚のコブクロ一キロ　みょうばん　あら塩

1　コブクロはみょうばんとあら塩を使って中も外もすっきりきれいにして、ヌメリと臭みをとる。

2　たっぷりの湯を沸かしてさっとゆでる。豚だから完全に火が通らなくてはいけないし、固くなってもいけないので、煮立って一、二分が目安。ゆだったらすぐ水に放して、それ以上熱が通るのを防ぐ。

〈つけ醬油で食べるもの〉

材料　ゆでたコブクロ五百グラム　にんにく（大）三〜四個　醬油大さじ三〜四　ごま油

1　コブクロは薄切りにする。

2　にんにくをすりおろして醬油、ごま油でにんにく醬油を作り、これにつけながら食べる。

〈炒めもの〉

材料　ゆでたコブクロ五百グラム　新生姜（皮をむいたもの）二百グラム　醬油大さじ四〜五　炒め油大さじ二

1　コブクロを薄切りにする。

2　新生姜をせん切りにし、油で炒めて香りが上ったところにコブクロを入れ、醬油でからめてでき上り。火が通りすぎないように二、三回かきまぜたらすぐ火を止めて皿にあける。

コブクロと言っているのは実は産道あたりのことらしいのですが、豚が年をとりすぎても若すぎてもよくなくて、ちょうど仔を一、二回産んだくらいの若い雌豚がおいしい。味というより、こりこりした歯ざわりが何よりのご馳走で、火の通り加減が肝心です。

若い男女に微妙な効力を発揮すると言われて、この料理が食卓にのるたびに、なにやらニヤニヤする人もいましたが、わが家ではおおむね、大人にも子どもにも精のつく食べものとしてよく頂きました。もっとも男の人たちだけのときには、どんな話題が上ったのか、それは知るよしもありませんが。

8

南の国の結婚式

私たちが乗ったバスが村の中に入って行くと、畑に出ていた人たちが仕事の手を止めてこっちを眺めていた。家の中からは子どもたちがとび出してきて、ときならぬバスの行列に手を振って駆けよってくる。

「そうだ、今日は地主の旦那の坊ちゃんの嫁取りの日だったっけ」

「私らもあとからちょっと挨拶に行って、ごちそうになってきましょうや」

もの珍しげに出てきたお年寄りは、目を細めて私たちのバスを見上げ、隣近所と大声で話していた。

十二歳年上の、すぐ上の姉の結婚の日だった。台南から車で二時間ぐらいの田舎の村が、姉の夫になる人の生まれ故郷で、中国の昔からのしきたり通り、お婿さんの実家で結婚式をあげるために、私たちは父が経営する運輸会社のバスやハイヤーを動員して、何台も車をつらねてやってきたのだった。ここは太平洋戦争の末期に私たち一家が疎開していた村で、今日のお婿さんは、そのとき屋敷を貸してくれたこの地方の大地主の甥にあたる青年なのである。戦争の間、ずっと日本の大学に行っていて帰ってきたところを、父が是非にと見込んだお婿さんで、秀才でスマートで優しい義兄は、おまけに大変なハンサムで、中学生だった私は姉がうらやましくてならなかった。

結婚の前の日、姉のところにベテランの美容師がやってきて丁寧に顔を剃り、卵の白身のパックをした。私と妹はつるつるに塗りたくられた姉の顔を見て大笑いで、表情を動かさないようにとこわばった顔付の姉を笑わせようと、滑稽なことを言っていろいろにおどけてみせた。中国人はいったいに産ぶ毛の薄い人が多いせいか、女の子でもほとんどの人は結婚の日まで顔を剃らない。婚礼を前にはじめてかみそりをあてるのも、美容のためというより、新しい人生の始まりという意味だったのではないだろうか。次に顔を剃るのは、今度は親が亡くなったときで、これも人生の重大な転機である。私は十七歳のときに父が亡くなったために、そのときがはじめての顔剃りで、次が結婚の前日。そしてそれ以来、五十代になった今日まで一度も顔を剃っていない。

私たちはかみそりで顔を剃ったけれど、昔からの風習に従えば抜顔毛《バンビンムン》のお世話になるのが本来のやり方だった。抜顔毛はやはり一種の美容師で、顔の産ぶ毛抜き専門のおばさんである。二本の甘撚《あまよ》り糸をたくみに繰って、産ぶ毛を一本残らず抜いてしまう方法で、かみそりをあてると毛が濃くなるといって、昔の人は抜顔毛に抜いてもらうほうを喜んだ。かなりの技術を必要とする仕事で、私たちの時代にはおばさんたちの人数も減ってきていたようだが、子どもの頃、朝、学校に行く通学路で、小さな家がたてこんだ下町を通ると、明るい陽が射す露地裏に抜顔毛のおばさんが腰かけて、若い娘の産ぶ毛を抜いていた光景に出会うことがあった。

その娘さんは産ぶ毛が濃いたちの人だったのか、結婚前というよりはもっと若い人のようだったが、朝陽がキラキラと射し込む露地裏で、抜顔毛のおばさんの胸元にさし出した、軽く眼を閉じて何もかも任せきった安らかな表情がとても美しく印象に残っている。娘さんのかたわらではたぶんその母親らしい人が、大きな乳房をはだけて末っ子の赤ん坊に乳を飲ませていた。

抜顔毛のおばさんはたいてい、どっしりと太っていて、見るからに安心感を与えるといった人が多かった。若いうちから修業を積まなければ腕ききの抜顔毛になれないのだから、若い人がいてもよさそうなものだったのに、どうしてか、私たちが知っている抜顔毛はみんな、よく太った中年のおばさんだった。中国服の上衣に、下は必ずズボンをはいていて、椅子に腰かけて脚を左右にぐっと大きく開く。抜いてもらうほうは低い台に腰を下し、おばさんの脚の間に体を入れて、顔がちょうどおばさんの胸元にくるようにするのである。おばさんは二本の甘撚り糸を、一方の端を口にくわえて、そろそろと撫でるように顔にあてていく。二本の糸の間に顔の産ぶ毛を揺みとって静かに抜いていくのだった。

「抜顔毛に来てもらったら？　きれいになるわよ」

昔気質のおばたちによく薦められたけれど、幸いにしてわが家の血筋は産ぶ毛が少なく、目立つような部分は全くなかったので、さっとかみそりをあててもらうだけですんだようだった。おばさんの脚の中に入るという格好に、私はちょっと抵抗があって、自分の結婚の時にもどうしますかと母に聞かれて、剃ってもらうからいい、と断わってしまった。痛みは少しもないそうで、すべらかな肌のすっきり垢抜けた美人になるのにと、おばたちは残念がった。

白い花嫁衣裳の姉が乗った車が近づくと、お婿さんの家ではいっせいに爆竹に火が付けられた。広い前庭はたちまち、威勢よく弾けとぶ爆竹の音でいっぱいになり、その音を合図に、花嫁を迎える一族の人たちが庭に出てきた。

昔からのしきたり通り、花婿はこの日の朝早く、自分の家の仏間で家族揃って礼拝の儀式をしてから、台南の私たちの家まで花嫁を迎えに来たのである。花嫁を迎えに行くのは朝のうちでなければいけないと言われているから、今日のように車で二時間も離れているとお婿さんはとても忙しい。もちろん、もっと遠方ということになれば、花嫁側はどこか近くに宿をとることになるのだが。

いまではたとえば台南の男性と台北の女性とか、遠い町に住む人同士の結婚もよくあることで、嫁迎えといっても花嫁の一族が泊っているホテルに迎えに行くわけで、そのままそのホテルで披露宴という簡略なケースも少なくないが、昔は嫁取り婿取りといえばたいがい同じ町、同じ地方の家同士でしたものである。泊りがけで出かけなければならないほど遠くの家との縁組はあまりなく、花嫁さんは自分の家から、ゆらゆらと輿《こし》に乗って嫁入りしたそうである。

台湾でも南部と北部では結婚の風習も少し違う。大家族主義のお国柄だから、結婚した二人は当然、男の親の家に一部屋か二部屋もらって住むことになるのだが、私たち南部の地方では寝台から洋服箪笥、ソファ、テーブル、化粧台などの家具一切と部屋の飾りつけのすべてを男性側が用意してお嫁さんを迎えるのに対して、台北などの北部では、男の家では部屋をからっぽにして待つ。家具は結婚の日の朝早く、嫁入道具として女の家から賑々しく運び込まれる習わしだった。しかしいまは、南部と北部の人同士の結婚に限らず、箪笥はこっちで、鏡台はそちらでと事前に話合って決めることが多いようである。なによりも昔ながらの大家族が崩れはじめて、若夫婦が新しく買ったマンションに入ったりもするご時勢になってきたのだから。

結婚式の前の晩、花嫁の家では家族みんなが集まって双喜を作る。婚礼の前夜は深夜に仏間を礼拝するしきたりで、夕食のあとの最後の団欒の時間を、赤い紙に大小さまざまな「囍」という文字を切抜いて過すのである。喜ぶが二つ並んで、おめでたいことこのうえなしの双喜の文字で、この紙を明日持って行くすべての道具に貼りつけて嫁に出す娘の幸せを願う。大きな家具から針箱、手鏡などのこまごましたものにまで一つ残らず赤い「囍」マークをつけるのだから、大人も子どももはさみを持ち出して、何枚も何枚も心をこめて切抜いていった。

これは花婿の家でも同様で、新婚の部屋に入れる道具には家族が作った双喜を貼るのだが、嫁に出す側と迎える側では家族の心情もちがって、姉が嫁ぐ前の夜は、いよいよと思うと、はさみを持つ手元が沈みがちになるのだった。

中国の婚礼は二日間にわたってとり行なわれる。まず結婚式の当日は朝早く仏間に家族が集まってご先祖さまに挨拶し、花婿の迎えを受けて花嫁の一行は男の家に向う。そこで最初の披露宴が開かれるのだが、一夜明ければ翌日は女の家での披露宴である。今度は婿側の一族が大挙して嫁の家に出かけて行く。学校友達とか子どもの頃の乳母とか、多少顔ぶれが変るけれど、親戚や主だったお客さんたちは同じで、結婚式といえば必ず二日続きの大宴会になった。最近では、面倒だからと家での披露をやめてホテルのパーティにする人たちがいる一方、双方の家で披露宴を開いたあと、ご丁寧にホテルでもう一回という豪華なカップルもあって、そうなれば三回連続である。台湾の婚礼に招かれたら、十分に体調を整えてから出かけたほうがいい。何ごとも、中国では時はゆっくりと進むのである。

迎えに来たお婿さんの車を先頭に、私たちの一行が向うの家に着いたのは十時頃だったろうか。花婿がまず車から降り、仲人が降り、私たちがバスから出ても、花嫁の姉はまだ車の中である。かわいらしく着飾った小さな女の子がお盆に蜜柑を一つ捧げ持って出てきて、そこでやっと花嫁は車から降りた。一昔前だったら、優雅に輿から出るという場面である。

甘願《カンガン》、つまり「心からそうして欲しいと望む」という言葉に台湾語の蜜柑、「柑子《カンマー》」をかけて、心から望んであなたをお迎えするという婿側の心を表わした儀式で、蜜柑はその時期にとれる柑橘類ならなんでもよく、お祝事のしるしの赤い紙が巻いてあって、花嫁はこれを見てはじめてお婿さんの家の庭に降り立つのだった。私の故郷の結婚式にはなくてはならない儀式なのだが、これは台湾だけのことらしく、ほかの地方の結婚式では聞かない。そういえば北京語の蜜柑は「柚子《チーズー》」だから、これでは甘願のかけ言葉にならないのである。

車を下りた花嫁が仲人に手を引かれて、庭の正面の仏間に向って進んで行くと周りの人のざわめきが一瞬、静かになった。

「どうぞ躓《つまず》いたりしませんように」

着馴れない長いドレスの裾を曳いた姉の足元を、私は祈るような気持ちで見つめていた。花嫁がドレスの裾とか庭の敷石などにちょっとでも足をとられたりするのは不吉なことと言われていて、ことに家の敷居にでも躓こうものなら、結婚が御破算になるぐらいの重大な失態である。

一同が固唾をのんで見守る姉の足元に、先程、花嫁の到着を知らせて派手に鳴り響いた爆竹がとび散っている。臆病で爆竹嫌いの私はさっきも思わず耳を押えたのだが、せっかくの緑の芝生にちぎれた薬包が散らばっているのが気になって仕方がない。爆竹は中国ではお祝い事に欠かせないものだけれど、破裂したあとが汚くていけないし、第一、音にびっくりしてお嫁さんが転んじゃったら大変じゃないか、私の結婚式のときにはなんとか爆竹はなしということにできないだろうかなどと、姉の後姿に子どもっぽい夢を重ねていた。姉は緊張してそろそろと足を進め、無事に仏間の中に入っていった。

ご先祖さまへの挨拶がすむと、花嫁を今晩からの新婚の部屋に導いて行く入房《リッパン》の儀である。この家の一族のなかの長老格の女性が案内をつとめるのだが、ここでも花嫁がちょっとでも躓いたりするのは御法度だった。

「この先、階段になっていますからね」

「そこ、ちょっと敷居が高いから気をつけて」

二人のあとから一族中の女たちがぞろぞろついて歩いて、花嫁の足元を心配してあれこれと声をかけた。

「ドレスの裾、もう少し上げたほうがよくない？　絨毯にひっかかるといけないから」

「おばさま、しっかり手をとってあげて下さいね」

昔の家はどこも、今とは較べものにならないほど広くて、廊下はどこまでも長く、いくつも角を曲って、いつになったら寝室に辿りつくかと思うほどである。ことに案内役がかなりのお年寄りだったりすると、足元を気付かう花嫁との道行はひと仕事だった。

昔は、お嫁さんというものは結婚式のこの日にはじめて婚家に足を踏み入れることになっていたから右も左もわからないのは当然で、こうして案内するのは是非とも必要なことであった。しかし今では、結婚式の何日も前から、家具の置場所だの壁紙の模様、カーテンの色映りなどを見るために、これから二人で住むことになる部屋には何度も出入りして、とっくに承知していることなのだが、やはりしきたり通り入房の儀として、年輩の女の人に手をひかれて寝室に入ることになっている。

何年か前に甥の一人が結婚して、いよいよ入房の儀となったとき、一族の長老格としていちばん上の義姉が花嫁の手をとった。花嫁もしおらしく手をさし出したのだが、さて肝心の寝室がどこにあるのか、義姉にはさっぱりわからない。新しく建てたばかりの家で、義姉もそう度々来ているわけではないから、どちらへ歩き出していいかわからないのである。

「どっちに行ったらいいのかしら」

後についていた私のすぐ上の姉にこっそり尋ねたら、姉は花嫁のほうに目くばせして、

「お嫁さんにお聞きなさいよ」

花嫁も、

「おばさま、こっち、こっち」

と、義姉に預けた手を逆に引張っている。後に並んだ私たちはクスクス笑いながら花嫁に導かれて、一同無事に寝室に入ったのだった。

明るく屈託のない現代のお嫁さんとちがって、昔の家の長い廊下を、今日はじめて見知った老女に手をひかれて新床に向った花嫁は、結婚の喜びと同時にこれからの馴れない暮らしを思って、不安に胸がふるえることもあったであろう。夫の両親はもちろんの

こと、義姉妹をはじめ一族の女たちに快く迎えられるかどうかは、結婚の成否を握る重要なポイントだった。

寝室まで来ると花嫁はまず化粧台の前に坐らされた。女たちも続いて入って、お嫁さんにたくさんの甘い食べものをすすめる。とろりと蜜をかけたような甘いものが小さな皿に何種類も用意してあって、紅白の白玉団子のシロップかけとか冬瓜の砂糖漬、それにこれはとても食べられた代物ではないと思うが、ゆで卵が蜜の中に浮んでいるものとか、おいしいというよりとにかく甘くスウィートに、丸くて円満にといった意味あいのものが続々と出され、花嫁はこれらを全部一口ずつスプーンをつけて好意のしるしを受けるのである。部屋にはこのほかに飴やチョコレートなどの甘いものが、鏡台や箪笥の上、サイドテーブルなどいたるところに置かれていて、これはあとから部屋見物に来るお客さんたちへの配り物にされる。甘いものを口にするのは生活の苦労がないようにという願いがこめられていた。

花嫁からのお返しは披露宴がすんだあとのお茶の儀である。花嫁より年長の一族の女たちが集まり、今度はお嫁さんが一人一人にお茶を差しあげて改めて嫁としての挨拶をする。慌しかった今日一日の、ことに何百人という人が集まる披露宴では親しく言葉を交すこともできなかった分をここでゆっくりと顔合せするのである。年長者から順にお茶を捧げて回ると、挨拶を受ける側は必ずお盆にお金を入れた小さな赤い袋、紅包《ホンパオ》をのせて返す。祝福の意味もあり、また新婚早々のお嫁さんがお小遣いに不自由しないように、きっとまだ恥ずかしくて夫にはねだれないだろうからといった心遣いも含まれていたと聞いている。お茶の儀をすませてはじめて家族の顔と名前がつながり、花嫁はやっと一族の人になるのだった。

姉の結婚披露宴はお昼少し前から始まっていた。広い前庭いっぱいに数十卓の丸テーブルが置かれて、この日のお客さんはいったい何百人だったのだろうか。新郎新婦と仲人が仏間を背にして坐り、正面に近いテーブルから双方の両親とそれぞれの親族の年長者、学校時代の恩師などお世話になった人々の席が設けられ、それから近縁、遠縁の親類たち、友人、きょうだい、古い使用人たちと順々に坐っていく。日本で結婚披露のパーティに招かれて行くと両親はたいてい末席に坐っているけれど、中国では父と母は新郎新婦につぐ本日の主役で、主賓とほとんど同列のテーブルに着くのがきまりである。子どもの結婚式はとりもなおさず、ここまで育てあげた父母にとってもっとも晴れがましい日で、その恩に報いるためにも両親の席はパーティのメインでなければならなかった。使用人たちのテーブルには、とっくに暇をとった爺やや婆やも招ばれてきていて、あんなに小さかった坊ちゃん、嬢ちゃんがこんなに立派になんなさってと、うれし涙の昔話に花を咲かせており、さらにそのうしろの、もう門に近いあたりには、誰の席ともきまっていないフリーのテーブルがいくつか置いてあった。

はじまりの挨拶からお開きまで、二時間ならきっかり二時間というふうにきちんと結構の整った日本のパーティに較べて、台湾の結婚披露宴はのんびりした国民性の現われというか、全体におおまかで成行き次第のようなところがあるのだけれど、最大の特徴は招かれもしないお客が来るということだろう。何某家の誰それが結婚すると聞けば、遠い親戚のそのまた遠縁とか、知り合いの知り合いの友達とか、結局は何の関係もないような他人がご馳走目当てにぞろぞろと押しかけて来る。なかには全く一面識もない、いわば結婚式めぐりのプロ並みの人間もいるように聞いているが、しかしこういった手合いを、招待状を持っていないからといってお引取り願わないのが台湾の人間のおおらかなところで、とにもかくにもお祝いに来てくれた人は一人残らず招き入れる。新郎新婦や両家の家族がそれまで見たこともない人たちが、お祝い気分に溢れた顔でうれしそうにご馳走を食べているのは、今も昔も変らない台湾の披露宴風景なのである。

つい最近行ってきた台北の一流ホテルの披露宴の席でも、

「あの人、知ってる?」

「あそこに坐ってるよく食べるおばあさん、誰だったっけ?」

「この間招ばれて行ったパーティでも見かけたけど、誰も知らないって言ってた」

入り口に近い、うしろのテーブルにちらちらと視線を走らせながら、隣同士、小さな声で囁き合っていた。

ホテル側もよく心得ていて、たとえば六百人招待のパーティなら十卓、およそ百人分くらいを予備に用意しておく。この分は使ってもよし使わなくてもよしで、当日になって出た人数分だけの料金を支払えばいいことになっているのだが、しかしこのテーブルがちょうど満杯になって、結婚を聞きつけてやってきた見知らぬ人たちが満足気にたらふく飲み食いしている光景はいかにも盛大な華燭の宴らしくもあって、

「とんだ物入りで困ったもんです」

と言いながらも、予備テーブルの埋まり具合はなかなか気になるものなのだった。

お昼前から始まった姉の結婚披露宴は、夕暮れが近づいても終る気配もなかった。ふだんは朗らかでよく笑う姉も、昨日からの緊張で少々疲れ気味のように見えたが、かえってそのためかどうか、姉の花嫁姿は一層、しおらしくおとなしやかに映って、夕闇のなかの白い花のようだった。

一日の仕事をおえた村の人たちが続々とお祝いにやってきて、入り口付近のテーブル

はいつの間にかいっぱいになっていた。泥で汚れた手足を洗って、ちょっと寄って料理を招ばれて行こうという人や、畑から真直ぐ裸足でというわけにもいかないから家に帰って靴だけは履いて来たという格好の人々が、天秤棒や鋤《すき》や鍬《くわ》を塀の陰に立てかけて入ってくる。

「なんてまあ別嬪さんの嫁さんじゃねえ。坊ちゃまのうれしそうな顔、見てごらんよ」

「大旦那も早いとこ孫の顔が見たいこったろう」

はじめのうちは隣同士、小さな声で話していたのだが、お酒が入るにつれてだんだん賑やかになった。

「さすがは地主さまだなあ、近頃にない豪勢な婚礼じゃないか」

「こんなめでたい日はめったにあるもんじゃない、たんとごちそうになっていこうや」

次々と運ばれてくる料理やお酒の大盤振舞にすっかり出来上ってしまって、大事な道具を忘れて帰る人もいたらしい。実際、料理の皿はあとからあとから続々と出てきて、テーブルに載せきれないほどである。このあたりの村では、どれだけ長い時間、どれだけたくさんの料理を出すかが、お客をもてなす最大のポイントなのだそうで、台南から来た町の人間たちはあまりの物量作戦にすっかり圧倒されてしまっていた。

なんともたっぷりした結構なコースが終って、これでひとまずお開きかなと思っていると、しばらくしてまた次のコースが始まった。さて今度はどんなお料理が出るのかと一皿、二皿と食べていくうちに私たちはあれれ？　と首をかしげた。

「ねえ、このお料理、さっき出てきたお料理じゃない？」

「そういえばさっきと同じコースを食べてるみたいだわね」

　前菜から始まって焼きもの、煮もの、揚げもの、蒸しもの、あえものとさまざまに続いたフルコースの食事がデザートにまでいきつくと、なんとまた始めから同じ料理が繰返し出てきていたのである。田舎の村のこととて、材料にもコックのレパートリーにも限りがあるのは仕方がない。大量に、そして何時間にもわたってごちそうを出し続けるおもてなしの秘訣はこれだったのだ。あたりを見回すとふしぎそうにゴソゴソ呟き合っているのはこっちのテーブルだけで、ほかのお客さんたちは当然という顔つきで、最初と同じように料理を楽しんでいる。いままでこういう変ったことに出会ったときに、いちばん面白がっていちばん気の利いたことを言って私たちを感心させたのは、今日の花嫁その人だったのだけれど、その姉ははるかに遠いテーブルで、ごちそうの堂々めぐりに気がついているのかいないのか、相変らず一輪の白い花のようにたおやかにほほえんでいた。

　いま姉が私たちと同じテーブルに坐っていたら、この料理についてどんなに楽しい愉快な一言を言っただろうか。これが姉の結婚の宴でなかったら、姉がここにいてくれたらいいのに、きょうだい揃って遠慮のない楽しいお喋りに笑い興ずる日はもうないのじゃないだろうかと思うと、急に淋しさがこみあげて姉の姿がぼうっと滲んできた。

この日の披露宴は、同じ料理を何度も何度も繰返して、とうとう夜の十時すぎまで続いた。延々十時間以上も続いた盛大な宴だった。あれから今日まで、台湾でも東京でもいくつもの結婚式に招かれたけれど、このときほど盛大な披露宴に会ったことはない。田舎風のもてなしではあったが、それは豪勢なものだった。あとから思えば、この結婚式が私たちの家の父の代の最後の結婚式なのであった。

烤仔猪《カオツツー》の作り方

結婚式をはじめお祝い事の宴会での代表的な料理は、なんと言っても仔豚の丸焼きです。パーティの日取りに合せて、半年も一年も前から頼んでおいて、血統正しい仔豚を何頭も用意しなくてはなりません。なにしろお祝い事ですから、仔豚もいい筋のものであることが大切です。生まれて二、三か月からせいぜい半年の仔豚は臭みもなく、それぞれの家々の特製のたれを塗りながら焼きます。わが家のたれは、香辛料の類いを一切使わない、ごくシンプルなものでした。

材料　仔豚一頭（五〜八キロぐらい）　たれ（醬油三カップ　酒一カップ　蜂蜜一〜二カップ）

1　仔豚の内臓を取り出す（腹を開いてしまう場合と、お尻のほうから抜き出して丸ごとの姿を残す場合があります）。
2　豚を熱湯につけて毛を抜き取る（西洋ではガスバーナーなどで焼き切っているようですが、中国では一本一本抜き取ります。このほうが毛根からすっかり取れて、ずっとおいしい）。
3　酒で絞った布巾で、中も外も丁寧に拭き、たれをよく混ぜ合せて刷毛でまんべんなく塗る。
4　頭部から尻にかけて棒を通し、炉にかけて、たれを塗りながら炭火で焼く。
5　中まで火が通り、皮がパリパリに焼き上るまで約二〜三時間。
皮がちょうどパイのようにサクサクと焼き上るのが最高です。こまめにたれを塗り、棒を動かして回転させ、油が落ちて煙が上ったらいぶし臭くならないようによけたり、つきっきりで面倒を見なくてはいけません。

三枚肉の付近が好きな人、もも肉がいい人とさまざまですが、中にはパリパリの皮だけしか食べないという贅沢な人もいます。焼き上ったところをそのまま食べるのもよし、甘い味噌だれの甜面醤《テイエンメンジャン》に白髪ねぎを添えて食べるのもいいでしょう。

目の前で焼けるガーデンパーティのときはともかく、コースの一品として出す場合、焼き上りのタイミングを計るのがひと苦労で、わが家では比較的コースの初めのほう、三番目か四番目ぐらいに出すようにしていました。

9　お正月のご馳走

冬のある朝、私は頭の中で一時間ほどの時差を計算しながら、手元の電話をひきよせて国際電話のダイヤルを回していた。

ルルル……ルルル……、呼び出し音が鳴ってカチャッと電話がつながった。

「恭喜《コンシー》！　あけましておめでとう！」

弾むような明るい声がいきなり耳にとびこんでくる。今年こそこちらから先におめでとうを言おうと意気ごんでかけたのに、また先を越されてしまった。旧暦の一月一日の朝に台湾のきょうだいたちにかける新年の挨拶である。

三十年ほど昔、私が日本に来た当座は国際電話などおいそれとはかけられない贅沢なものだったし、回線事情も悪くて、申し込んでもつながるまでかなりの時間が必要で、なかなか面倒なものだったが、年を追うごとに速くてしかも安いという便利な道具になった。

ことに台湾は数年前からダイヤル直通になって、思い立てばいつでも簡単にかけることができる。

私が東京で暮らすようになっていつごろからか、新暦のお正月は台湾から、旧暦のお正月は東京から新年の電話をかけあうのが私たちきょうだいの習慣になった。日本の一月一日には台北の姉が、

「あなたのほうのお正月おめでとう。新暦のお正月なんてなんだか感じが出ないけど、とにかく今年もよろしく」

などという電話を、この朝ばかりは純日本風にお雑煮を祝っている私と息子の食卓にかけてくるのである。

生まれ故郷の台湾より日本での生活のほうが長くなってしまった私と、東京生まれ東京育ちの息子の二人暮らしには、旧暦の中国のお正月、春節を祝う習慣はもうなくなっているのだが、毎年、その時期になると、台湾からたくさんのからすみを送ってくる。からすみは台湾のお正月には欠かせないごちそうで、せめてこれだけはという姉の心尽しの贈物である。この珍味をよそにも差し上げ、自分たちも堪能して故郷のお正月をしのぶのがわずかに残った私の春節のお祝いで、あとはすっかり新暦の日本のお正月に馴れてしまったのだけれど、双方の新年にお互いに電話をかけあうという習慣ができてからは、とにかく日付けだけはまちがえないように、毎年、暮れのうちに暦の本を買いこんでカレンダーにしっかりと赤丸をつけておく。旧暦の新年はたいてい東京では寒さの

厳しいさなかで、なんといっても南国育ちの私は朝の冷え込みに首をすくめながら受話器を手に取るのである。あるときはマンションの窓越しに見える町並に、裸木の梢が大きく揺れている西風のつよい朝だったり、大きな雪ひらがあとからあとから降ってくる暗い日だったりもした。そんな年には電話を通して聞える「恭喜！」の声と遠くで派手に鳴っている爆竹の音を耳にするとふいに、寒い冬の東京から一足とびに南国台湾のお正月に心がさらわれていくようだった。

ふだんは人の顔さえ見れば「吃飽嗎《ツーパオマ》？ ご飯食べた？」と尋ねあう中国人もお正月ばかりは誰かれなしに「恭喜！」「恭喜！」とおめでとうの挨拶を交す。電話もいつものように「もしもし」とか「はい、○○です」などと出るのではなくて、受話器をとるやいなや「恭喜！ おめでとうございます」と賑やかに応対する。まるでこの言葉は相手よりも少しでもはやく言わなくてはならないもののように先を争って言いあうのだ。毎年、毎年、兄の家でも姉の家でも、こちらからかけた電話なのに私はいつも後手に回って、一呼吸おいてから新年の祝辞を述べる破目になってしまうのである。

今年の春節の朝、私の電話にいちはやく「恭喜！」と出た姉の弾んだ声の、その弾み具合がなにか例年とちょっとちがうようだ。淋しげといっては大袈裟だが、なにかしら翳《かげ》りのようなものが感じられた。聞けば若い人たちがみんな出かけて義兄と二人だけのお正月なのだと言う。

「朝まだ暗いうちに、家の前から小型バスで賑やかに出かけて行ったわ」

わが家では昔からなにかと言うとすぐバスが登場した。父の事業のなかにバス会社があったせいもあるかもしれないが、とにかく大ぜいの一族が大挙して移動する場合にはバスがいちばんである。今度も、姉のところの子どもたちがそれぞれの家族連れで出かけるという話に、兄の子どもたちの数家族が加わって総勢何十人かで賑やかに繰り出したらしい。台湾の南には有名な高雄という観光地があるが、高雄よりもまだ南の先に温泉つきのすばらしいリゾートホテルができて、そこでのんびりと二、三日過して来るということである。

「老夫婦が留守役で、仏間の礼拝も私たち二人だけでしたのよ。お正月もいつのまにかこんなことになっちゃって、お父さまがご覧になったらなんておっしゃるかしらねえ」

しかしその姉夫婦も三が日をすごしたらニュージーランドに出かけるのだそうで、お正月というものがだんだん、特別なものでなくなっていくのはどこの国でも仕方のないことかもしれない。

「このごろの若い人ったら、お正月の電話におめでとうも言わないで、どちらさまですかなんて聞くんだから淋しいわ」

さいわいなことに私がかける電話にはどこの家でもまず「恭喜！」の洗礼を浴びせてきて、なつかしい故郷のお正月気分を味わわせてくれる。

子どものころのお正月といえば、まるでそこだけが金色の文字で書かれているようなピカピカした特別な時間で、「もういくつ寝るとお正月」の歌ではないけれど、まさしくあの通りに指折り数えて待たれたものだった。大晦日の夜の年越しの大ごちそう。深夜の礼拝。年があければどこの家の門にもおめでたい言葉を書いた赤い紙を貼って、庭先では爆竹が弾ける。家中の、お客を通せる部屋という部屋にはすべてテーブルをしつらえて、暮れのうちから何日もかけて用意したごちそうの数々を盛りあげ、年始のお客をもてなすのである。昼すぎから続々と訪れる百人以上の人々に、とにかくちょっとでも席についてもらい、なにかひと口でも食べたり飲んだりしていってもらわなければならない。来客のピーク時には前の客が立ったあとの後片付けもそこそこにすぐ次の人が坐って、大急ぎで食器をセッティングするような場面もあった。新年の挨拶をすませたあとほんの二口、三口箸を取っただけで帰る人もいれば、長々と話しこんでいつまでも食べつづける客も少なくない。

用意する料理はふだんのおもてなしの場合とはちがって大部分が前菜ふうといってい

いようなものである。まず台湾のお正月に欠かせない烏魚子《ウーユーツ》、つまりからすみ。鯔《ぼら》の卵巣を干したもので日本のおせち料理につきものの数の子にあたるものとも言えるだろうか。珍味であると同時に子孫繁栄の象徴のようなめでたい食べものとされて喜ばれる。薄皮をむいて酒で拭き、直火でさっと焙るのが台湾流のやり方で、薄いそぎ切りにして食べる。わが家ではこれに白髪ねぎを添えることになっていて、からすみの濃厚な味わいにぴりっとしたねぎの辛味とザクザクした歯ざわりがなんとも絶妙な取り合せだと思う。

そのほかの皿は作りおきのきく前菜料理の数々で叉焼《ツアスアオ》（焼き豚）、滷蛋《ルータン》（うずらの卵の含め煮）、紅焼牛肉《ホンスアオニユウロウ》（牛すね肉の醤油煮）、滷鶏腎肝《ルーチーシエンカン》（鶏レバーと砂肝の煮物）、姜《チヤン》味凍鶏皮《ウエイトンチーピー》（鶏皮の煮こごり）、酔鶏《ツエイチー》（鶏肉の酒蒸し）、油爆蝦《イヨウパオシヤア》（えびの油炒め）、香菇鮑《シヤンクパオ》片《ペン》（鮑と椎茸の含め煮）等々に、こちらはみずみずしい什錦涼菜《スーチンリヤンツアイ》（あえもののいろいろ）。鮑、帆立貝、ばい貝、たこ、いか、えび等の新鮮な魚介にきゅうり、人参、大根等の生野菜を合せてそれぞれをさまざまな味つけの酢油のドレッシングで食べる中国式のシーフードサラダである。

温かな料理はふかひれ煮込み、なまこの煮もの、鶏の丸ごと煮込みもの等があり、焼きたてを食べるものとしては長時間漬け汁に漬けこんだ鶏や豚肉をたくさん用意しておいて、客の人数をみながら焼いていく焼鶏《スアオチー》（ローストチキン）や蜜汁叉焼《ミイツツアスアオ》。蜂蜜漬けの叉焼は豚の肩ロースを蜂蜜、酒、醤油を同量ずつ合せた漬け汁に丸一日漬けこんで、さらに蜂蜜を塗りながら焼いていく甘い焼き豚で、これは焼きたてのあつあつを食べるのが身上。蜂蜜を塗りながら焼くために表面がつやつやと真赤に仕上って、いかにもおめでたいお正月気分を盛りあげてくれる。ローストチキンは焼き上りでも冷めてからでもよく、あえものの素材としても使えて、大人数のお客のときにはとても重宝なものである。

　これらの品々にごくうす口のいわゆるおすましのスープ清湯《チンタン》をたっぷり作り、鮑、筍、えび団子、三つ葉、あさつき等をスープの実として何種類か用意しておくと、そのつど温めて祝年清湯《ツウニエンチンタン》数種として食卓に運ぶことができる。

「いま席を用意しますからちょっと待ってて下さい」

　新しく入ってきた客のために空いたテーブルを探して案内し、食器の上げ下げ、料理の追加、盛り直しに何度、台所と客間の間を行ったり来たりしたことだろう。

　台所は台所で客間とはまたべつに一テーブルが設けられていて、こちらはふだん台所に出入りするご用聞きその他の裏口組の年始客や、使用人の親戚縁者が押しかけてきていてやはり大そうな賑わいである。使用人たちもそれぞれを訪ねて来るお客の相手で結構忙しいものだから、客間のほうのサービスはおおむね家族の女手でまかなわなければならない。母や兄嫁たちはもちろん、年頃の娘ともなれば一人前の立派なおもてなしの役目が回ってくるし、猫の手より多少はましな年齢になった子どもにはお運びの手伝いが命ぜられた。新調の洋服に髪にも真新しいリボンを結んでもらって、緊張の面持ちで過す一月一日はあっというまに暮れて、大混雑のお客さま方も夕方には潮が引くように帰っていく。明日二日は、日本で言う嫁正月にでもあたるのだろうか。中国では娘たちがつれ合いをつれて実家に帰る日で、わが家でも兄たちはそれぞれ義姉の実家に行き、そして、嫁いだ姉たちが義兄と一緒にやってくる。内輪ではあるけれど明日はまた明日のお客さんが来るのである。

お客の応対と一日中なにやかやと少しずつお相伴で食べつづけた疲れで家族の夕食などしたのかしなかったのか、お正月の間は夜になっても頭がぼうっとしてソファでぐったりするような目まぐるしい三日間だったが、来る人がだれも清々しい顔で美しく装って、いかにも年が改まった新鮮な気分に溢れた活気のある楽しい毎日だった。もちろん子どもたちにとっては、大ぜいの親戚からもらう赤い紙包みのお年玉、紅包《ホンパオ》も重大な関心事の一つで、今年はいくつもらったとお互いに戦果を自慢しあったりするのだった。

お正月の仕度は買いものから始まる。春節が近づいてくると、一家の主婦はこんどのお正月のおもてなしをあれこれと心づもりして大まかな買いものの計画を立てる。まず買い揃えていくのが乾物類で、中国でごちそうといえば必ず一品は入るふかのひれ、眼にいいと言われて年配のお客に喜ばれる干し鮑、スルメ、なまこ、貝柱、干しえびなど。市場をマメに歩いてよく吟味した品物を山のように買い込んでくる。市場の買いものはいつも両手の籠にいっぱい山盛りになるのだが、とくにこの時期にはお伴の運転手がフーフー言うほどの量になった。乾物はもどすのにも時間がかかるから献立によって準備の手順をきちんと決めないと土壇場であわてることになる。なまこをふやかすにはだいたい一週間はかかるし、ふかひれ、鮑が一昼夜。貝柱や干しえびも余裕をもってもどしたいとなれば、暮れの台所にはいつも水を張った鉢が並んでいた。

乾物の次が煮込みものの買い出しと仕込み、それに漬けものの仕度である。大きな肉の塊りが入った鍋がいくつも火にかかってぐつぐつと音を立て、勝手口の軒下では次々に鶏がツブされて白い羽が雪のように舞いあがった。漬けものは寒い日本とちがって一冬中食べつづけるというものではなく、当座のちょっとした塩漬けや醬油漬けで、葉ものや大根、人参、セロリ、かぶなどを赤唐辛子とさっと炒めて漬け込んだ。正月の間は市場も休みになるので生野菜や魚介類は暮れのぎりぎりに買ってくる。そのまま調理してしまうもののほかは、えびやかには塩をして蒸しておき、魚は塩漬けにしたり油で揚げたりして保存した。こうして暮れのうちにどっさり買いこむのは、市場が再開されるまでの間の食糧を確保するだけでなく、中国人は、乾物でも塩ものでもなんでもたっぷりと貯えて年を越すという豊かな気分を大事にしていたのである。これらの食品はお正月が過ぎると、煮込んだりスープにしたり、ひと手間かけて食卓にのせる。あらたまったご馳走が何日か続いたあとで食べる揚げ魚の煮込みとか塩漬けの切身のソテーは、いかにもくだけた家庭的なお惣菜の味がして、大切な祝祭をすませたあとのほっと息をつくような安らぎがあった。

春節の十日前くらいから台所では朝から晩まで一日中、どこかでお鍋がぐつぐつ煮え、何人かがせっせと包丁を動かして休む間もない。学校帰りの子どもたちも絹さやの筋むき、もやしのヒゲ取りなどから始まって年齢相応のお手伝いに駆り出された。ふだんの倍くらいの人数が裏口から出たり入ったりで大忙しのさ中、

「お届けものですよ！」

バタバタと暴れる鶏が二、三羽、足を紐でくくられて勝手口に届けられる。足に赤い紙切れを巻き付けてあるのがいわば熨斗《のし》がわりの、生きたお歳暮である。お酒や箱入りのからすみもたくさん届くけれど、生きたお歳暮も続々と台所に到来した。鶏がいちば

ん多くて、あとは七面鳥、スッポン、鯉……。鶏たちは足に赤い紙をヒラヒラさせて、スッポンや鯉は取っ手に赤紙を巻いたバケツの中でザブリザブリと音を立てている。

「あら見てごらんなさい。この鶏、ずいぶんやせてるわねえ」

「奥さま、これじゃ焼鶏にはなりませんですよ」

「ま、しようがないから鳥小屋に入れておきなさい」

生きたお歳暮のなかにはときたまひどくやせっぽちの哀れなものもあって、丸々と太らせるべく、鳥小屋に連行されたり池に放されたりするものも少なくない。何か月後かに食べ頃の鶏を品定めしていると、名残りの赤紙をつけたままの一羽がいまではわがもの顔に裏庭を駆けまわっていて、これがあのときのお歳暮かと送り主の顔が浮んで、思わず苦笑いさせられたものだ。


お正月が目前に迫るといよいよお餅の仕度にとりかかる。元日の朝の蘿蔔糕《ロウプーカオ》（大根餅）と、砂糖をまぜこんだ甘い甜糕《テイエンカオ》を作っておかなくてはならない。わが家の新年の朝は仏間での礼拝のあと、お餅とあっさりしたスープを頂くだけのごく簡素なものだった。

ふつうはせん切り大根に干しえび、干し椎茸が入る蘿蔔糕は、午前中は一切、魚肉を口にせず、生涯、お精進を通した父と母のために、生臭さのえびを使わないものも用意する。甜糕は子どもたちが喜ぶし、あとでデザートにも使えるから、ザラメや黒砂糖を混ぜこんだもののほかに、ナッツやごま入りのものも何種か作ることになっていた。日本のお餅が蒸した餅米をそのまま臼と杵でペッタン、ペッタン搗《つ》いて作る粘りのつよいものであるのに対して、私たちの国では米を石臼で磨りつぶしてからせいろで蒸してお餅にする。餅米でなくてふつうのお米の、むしろ粘りけの少ないものを使うので、日本のものよりももう少し柔らかくてやさしい感じのお餅ができる。私の家の裏庭には小さな子どもの背丈ぐらいの石臼が据えてあって、台所の婆やと二人でよくお米を挽いた。

庭の臼は縁にぐるりと溝を刻んだ円い台座の上に二つ重ねの碾臼《ひきうす》が載せてあった。水に漬けてふやかした米を穴に落しこんで臼を回すと、白いどろどろした液体が流れ出て溝にたまる。台座の溝は片口のように注ぎ口がつき出していて、米の汁はそこから下に落ちていく仕組である。臼のてっぺんに取付けた長い木の柄を前後に動かすと、ごとごとと音をたてて臼が回った。臼を使うのはなかなかの力仕事で、うちでは古手の婆やか洗濯のおばさんか、ときには作男の誰かに頼んで回してもらうこともあった。日本の石臼のように腕だけで回すのではなくて、柄の先の太い丈夫な紐を肩にあてて、体全体を使って動かすのである。お正月の前には、臼の目立てというと、鋸の歯のようでおかしいけれど、すり減った碾臼の目を彫り直してくれる職人がきて、コツコツと石鑿《いしのみ》をふるっていった。

ふやかした米を臼の穴に入れるのはおおむね子どもの役で、臼が一回りして自分の前に穴が来たときを逃がさずに、タイミングよく柄杓でぽとりと入れる。

「ねえ婆や、こんどのお正月、私、いくつぐらい紅包がもらえると思う？」

「お嬢さまがよくお手伝いして、お客さま方を上手におもてなしできれば、それはたんと頂けることでしょうよ」

「婆やのところの小さい坊やもお正月には遊びに来るわねえ」

「ええ、ええ、孫もきっと顔を見せに来るでしょう、そしたら婆やも紅包をやらなくちゃなりませんね。……お嬢さん、ほら、しっかりお米を入れてって下さいよ」

ギコギコと柄を動かしている婆やと、お正月のごちそうのことや紅包の皮算用やらを話しながら小半日も臼を挽いて、やっとお正月中のお餅の準備ができた。いまではミキサーでジャーッとすんでしまう仕事だが、慌しい正月仕度のなかで、その日だけはなにかのどかな気分になるような楽しさがあった。

臼から流れ出たどろどろの液体はしっかりと目のつんだ布袋に受ける。台座の注ぎ口の先に麻袋を二重にしたものをくりつけておいて、いったん、この袋に入れて余分な水分を取除くのである。こうしてお餅のもとが用意できるとかまどではどんどん火を焚いて、真白に湯気のたつせいろにお餅のもとを流し入れる。液体を入れるのだから流しこんだ瞬間には底の部分が固まってしまうように、せいろは十分に熱くなっていなければならない。せいろには布巾をしいて「流し型」がわりのブリキの枠を置いておき、この枠によって円くも四角にも好みの形を作ることができる。最初は強火でどんどん、あとは中火でじっくり蒸してあつあつのお餅ができ上った。

大根餅や砂糖餅は、お餅のもとの段階で材料をまぜこむのである。固くなってしまったらまたせいろに入れて蒸し直すか、油で焼くと、できたてと同じやわらかさが戻って、お正月の間中、私たちはお茶の時間の点心としてもお餅を食べた。甘い甜糕は日本のお餅のように網で焼いてちょっと焦げ目をつけてもおいしいし、小麦粉を牛乳と卵で溶いた衣をつけて、揚げ餅にもして楽しんだ。

日本でも地方によっては大晦日を盛大に祝う習慣があると聞くが、私の故国では「年越し」は家長の誕生日と並んで最も大切な家の行事である。年越しの夜と明けて新年の春節を家族揃って過すために、ふだんは離れて暮らしている子どもたちも必ず家に帰ってくる。春節の料理の準備もこの日の夕方までにはなにもかも終り、迎春のおめでたい言葉を書いた赤い紙も庭師の手で門に貼られた。前庭で男たちがガヤガヤしていたのは爆竹の仕掛らしいが、それももうすっかりすんで火薬を詰めた紙包みの束が竹棹の先に下っている。ここ何日か大忙しだった女たちもやっと一息ついて、今日は宵のうちからゆっくりとお風呂をつかい、長い髪をいつもより念入りにつややかに洗い上げ、美しく装って年越しの夜を迎えるのである。

食堂の大テーブルの下に、今夜は赤く炭火のおこった小さな七輪が置いてある。いつもとちがって足の先がほんのりと暖かいけれど、これは暖をとるためのものではなく、守財《ソーサイ》という昔からの風習で、七輪のまわりにぎっしりと紐に通した銅貨の束を輪にして置いて、この家からお金が逃げないように、財産が減らないように願うおまじないだ。わが家でこのときに使うお金の輪は、いつの時代のものかわからないほど真黒になった古銭がぎっしり束ねられたもので、年に一回、台所の高い棚から下されて年越しの夜の銭守りの役をつとめ、用が終ればまた紙にくるまれて棚の奥深くしまいこまれる。大晦日の夜にはそれぞれの家で何代にもわたって伝えてきた古いお金の束がひっぱり出されると同時に、今夜からが使い始めという、新しいものを登場させるのも中国の古いしきたりで、年越しの宴には必ずなにか新しい食器をふやすことになっていた。小さなお皿でもスプーンでも、一品でいいから新しくふやして食卓をしつらえるのである。

ずっしりと重たい銅貨の束は七輪のまわりで黒々ととぐろを巻いてこの家の財産を守

っているし、テーブルの上には今年もまた新しい食器がふえた。わが家の一年もこれで万々歳と、家中が豊かな雰囲気に包まれて、古い年を送り新しい年を迎えるのだ。

この晩からお正月三が日の間は、家の中からものを出したり捨てたりするのは厳禁である。捨てる、なくなるは財産を失うに通じるといって不吉なこととされ、この期間だけはたとえゴミといえども捨てたりせずに大事にとっておいた。元日の百人を越す年始客をはじめ、二日、三日と連日の訪問客に、台所のゴミはふだんよりずっとたくさん出るわけだが、きちんと袋につめて納屋につみ上げ、塵一つも捨てないように気をつけた。

年越しの夜は寒い季節でもあって火鍋子《ホオコオツ》（中国式の寄せ鍋）などを加えたフルコース十二品ぐらいの豪華なメニューが食卓を飾った。日本でお祝いごとの食卓に尾頭つきの魚が出るように、中国でも祝膳の献立には鶏でも魚でも丸ごと一匹つかった料理が出る。ダイナミックなお国柄から、ときには子豚の丸焼きが食卓に上ることもあり、ローストチキン、鶏の丸煮、鯉のから揚げ、マナガツオの蒸しものなどその年その年の、母とコックが何日もかけて練り上げた品々が次々に登場して、みんなをあっと言わせるのである。

「みんなちゃんと一本ずつ食べたかしら。これは大事な儀式ですからね、長生菠菜《ツアンスンポオツアイ》は必ず食べてちょうだい」

母に促されてめいめいに青菜の皿が回ってくる。味もなにもついていない、ほうれん草をただ色よくゆでただけの一皿は、大晦日の大ごちそうのなかでもとくに大切な食べもので誰もが必ず食べなければならない一品だった。

年の暮れになるといっせいに市場に出まわる特別な「長生菠菜」用のほうれん草は四、五センチ丈のかわいらしいもので、ただし紅い根っこから長々と伸びたひげ根の先まで少しもちぎれずにすっぽりと抜いてあった。泥や汚れをよく洗い、一本の形を損わないように丁寧にゆであげて、軽く絞ってそのまま形なりに皿に並べる。私の生まれ故郷だけの習慣なのかもしれないが、大地にしっかりと根を下してたくましく生きるように、そして新しい年が最初から最後まで良い年であるようにと願って、人びとは青々とした根つきのほうれん草を食べた。

一年の最後の晩餐のそのまた締めくくりのデザートはとくにきっちりと、整然と盛り上げるものとされていた。寒天やカスタードなど、寄せものや練りものの端っこがだれたりしないように、盛り上げた山の形がいびつにゆがんだりしないようにと、台所では母のこまかな指示がとぶ。

「古い年のけじめをつけて新しい年を迎えるのだから、心をひきしめて盛りつけましょう」

四角に仕上げるものはあくまでも真四角になるように、息をつめて包丁を入れ、井桁の盛りつけは隅々をきっちりと、ピラミッド形はできるだけきれいな四角錐を心がけて、私たちは祈るような気持ちで盛りあげるのだった。

家族の健康と一家の繁栄を願って、父の誕生日と年越しの晩には必ず食べる五目そば「什錦全家福大麺《スーチンチユエンチヤフータアミエン》」もすみ、一年のあれこれを話しながら楽しく囲んだフルコースの食事が終りに近づくと、いよいよこの年のしめくくりのデザートが登場する。ある年の大晦日に、固く練ったカスタードを拍子木に切って油で揚げ、ごま砂糖をまぶすという凝ったデザートを用意したことがあった。やわらかな素材の扱いを思うと仕上りが少し不安だったのだが、心配していた拍子木の角も崩れずにきちんと揚り、香ばしい黄金色に輝く大皿が食卓に運ばれてきたときには思わずほっと胸をなでおろした。「過年好夢《クオネンハオムン》甜点《ティエンテン》」（年越しの今夜はよい夢をみますように）と名付けられたこの口あたりのよいデザートは、豪華な晩餐のしめくくりにふさわしく見事な黄金の光を放って、いかにも大つごもりの夜らしいめでたいものであった。

午前零時が近づくと家族全員が仏間に顔を揃える。

「さあ十二時だ。お楽しみの紅包だよ」

父の声に子どもたちからワーッと歓声があがりそうになる。しかし私たちは慌てて口をつぐみ、神妙な顔をして父の前に並んだ。新年になると同時に家族にお年玉を配るのは一家のあるじの大切な役目で、家族は大人も子どももひとりひとり家長の前に進み出て、お金が入った赤い紙包みをありがたく頂戴する。そしてご先祖さま、神さま、仏さまに長い時間をかけてお祈りし、二時を回ったころ、子どもたちは眠くて朦朧としながらも赤い包みだけはしっかりと握りしめて、めいめいの寝室に戻っていった。父がくれたお年玉を枕の下に大切に置いて、明日は（ほんとうはもう当日なのだが）いったいどれくらいの紅包がもらえるだろうかと期待に胸をふくらませて眠りにつくのである。

元日の朝はいつも遠くで鳴っている爆竹の音で目が覚めた。あちこちのお寺や霊廟で夜も明けないうちから盛大に鳴らしているらしい。うちの前庭でも、昨日のうちに庭師たちが何本も竹棹を立てて爆竹をぶら下げていたから、朝の礼拝がすんだらいっせいに炸裂することだろう。ちょっと離れたところで聞く爆竹は賑やかでいいけれど、すぐそばで鳴るのは怖くていやだなあ、爆発した薬包が庭中にとび散るのも汚くて好きじゃない——臆病な私は庭で鳴らす爆竹が苦手で、いつも耳を押えて隅っこで小さくなっていたのである。

明け方の浅い眠りの中でポンポンとものがはじける音を聞くたびに、私は子どもの頃のお正月の朝に引戻されるのだけれど、東京のマンション暮らしの部屋に爆竹の音が届くわけはない。あれはなんという音なのだろうか。大きな道路に面した私の寝室の窓には、自動車の排気筒のところでときどきする炸裂音が聞えてきて、夢うつつの中で、「あ、爆竹！」と思わず耳を押えていたりもして、この歳になってもやっぱり爆竹が苦手な自分がおかしいのと、ふいに思い出された故郷のお正月風景の懐しさに、目覚めたあともしばらくはぼんやりと南の空に思いを馳せているのである。

紅焼《ホンスアオ》牛肉《ニユウロウ》の作り方

保存がきくことと組合せで変化が楽しめることが、私の正月料理の基本的な考え方ですが、これは簡単にできてしかもこの用途にぴったり合った重宝な前菜です。

材料　牛すね肉五百グラム　長ねぎ一本　生姜一片　八角一個　砂糖大さじ一強
酒大さじ二　醬油½カップ弱

1　深めの小鍋に牛肉を入れ、つぶした長ねぎと生姜、八角、砂糖、酒、水三〜四カップ、半量の醤油を加えて火にかける（水の量は牛肉がかくれる程度を目安に加減します）。
2　最初は強火で、煮立ったら火を弱めてアクを取りながら、ときどき肉を上下に返して煮込む。
3　一時間半ほど煮込んだところで残りの醤油を加え、煮立ったら火を止めて、そのまま煮汁の中で冷ます。冷めたら薄切りにして盛りつけます。
かたまりのまま密閉容器に入れて冷蔵庫で保存すると、一週間か十日は味が変りません。

10　恵おばのこと

ではない。

恵姑《フェイクー》、恵おばさまと呼んでいたけれど、恵おばさまは私たちの実のおばというわけではない。

ひと昔かふた昔ぐらい前まで、中国では全くの他人同士が兄貴、弟と呼びあって、血の繋り以上の親しい付合いをしようという関係がよくあったらしい。「三国志」の発端で劉備玄徳と関羽、張飛の三人が桃の花畑で義兄弟の契りを結ぶという、あれである。何々家の誰それと何家の誰は義兄弟だそうだという話を子どもの頃、いくつも聞いた。

父の父、つまり私たちの祖父と亡くなった王《ワン》家のおじいさまが生涯を誓った義兄弟で、なぜこの二人が兄弟の契りを結ぶに至ったかのいわく因縁は聞かされていないのだが、そういうわけで父と王のおじさまは義理のいとこ同士であり、おじさまの奥さんが私たちの大好きな恵姑で、私の家と王家は親戚同然の付合いをしていた。

恵おばさまの家、と言ってもそれはもちろん王おじの家で、おじさまおばさま御夫妻と息子さん夫婦、娘さん夫婦、まだ結婚していない子どもさんたちが、私の家よりもっと大人数の大家族で住んでいたのだが、私たちが遊びに行ってもおじさまの姿を見かけることはめったになく、いつ行っても大歓迎してくれるおばさまが私たちは大好きだった。恵姑の家は安閑園の私の家と同じように台南の市街をちょっとはずれたところにあって、安閑園同様、門から建物までの前庭を広くとった大きな屋敷だった。

私の家は父がシャワールームや水洗式のお手洗いなど中国の住宅建築に西洋風の生活様式をとり入れて建てた家だったが、恵おばさまの家は昔ながらの中国の堂々たる旧家で、子どもの私には黒ずんだ太い柱や、ベッドというより布団敷きの部屋といったほうがいいような、寝室に作りつけになった大きな寝台が珍しく、家の中の空気までどっしりと威厳にみちているように重々しく感じられた。中国の伝統的な住宅様式にしたがって前庭に面して横に長く翼をひろげた建物は、真中の仏間をはさんでほぼ左右対称に部屋が並び、中庭を隔てて後ろにもう一棟あるという造りになっていた。

その頃のどこの家もたいていそうだったように王家もなかなかの庭自慢で、遊びに行くと家に入る前にかならず庭を一回り見物する。私の家の庭が、父が巨岩を運びこんだり人工の滝を作ったりしてダイナミックな造園を施したのに対して、こちらは精緻を極めたといっていいような、すばらしい庭だった。植えてある樹木はちょうど盆栽のように小さく、凝った枝ぶりのものばかりで、庭の一画一画がそれぞれ完結した一つの風景になるように仕立ててあった。奇妙な形の小石をめぐらした池はじっと見つめれば渺々《びょうびょう》たる大湖であり、急湍《きゅうたん》となって走り出る小さな流れはやがて碧色に沈む深潭《しんたん》となり、陶製の橋のたもとにはいましも渡らんとする老人が杖をひいて立っている。隣に目を転じれば田舎家に繋がれた一頭の馬と三人の武将。どれも陶器でできた鮮やかな彩色の人形でこちらは「三国志」の一場面を象ったものらしく、王のおじいさまは大層「三国志」が好きだったとみえる。物語の一場面やら深山幽谷のたたずまいが小さな一隅に見事に映し出され、天下の景勝を集め尽したような庭なのである。どの木の枝もどの下生えもいつもいま手入れがすんだばかりといったふうで、塵一つ、木の葉一枚、落ちていたことがない。

「いまちょうど水を打ったところなの、しっとりとしていいでしょう。今朝からこの花が咲きだしたのよ、ほんとにいい日に来て下さったわ」

恵姑の庭自慢の声はついつい高くなる。

母が私たち子どもや兄嫁らをお伴に王家の門をくぐると「お見えになりました」の声がかかるやいなや、おばは走るように迎えに出て、

「お揃いでよく来てくれたこと。お天気がよくてよかったわね。みなさんお元気？　さあ庭をみてちょうだい」

早速、私の手をとって歩き出すのである。母はもちろん、もう何十ぺんとなく見てい

るわけだがそのつどなにかしら賞讃の言葉を述べ、私は行くたびに新しい発見をして驚嘆の声をあげるのだった。

私たちが王家を訪ねるとおばさまの後ろに影のようについて出て、恵姑の元気なお喋りのあとから言葉少なに挨拶する美しい人がいた。その頃の中国の女性にしては珍しく身長が百七十センチくらいあった大柄なおばと対照的に、小柄で華奢な身体つきの、とりわけ首筋の線がほっそりとして中国服がよく似合う人だった。

中国の昔ながらの家では祖先を祀る仏壇の前がそのまま客をもてなす場所になっていて、私たちは庭の正面の仏間でお茶をいただくのだが、賑やかなお喋りの間にほっそりとしたその人はいつのまにかいなくなって食事のテーブルでまた一緒になる。

「小蘭姑《シャオランクー》とお呼びしなさい」

母にそう言われて私たちは、「こんにちは」「さようなら」の挨拶とか食卓の会話以外にはあまり口をきくことはなかった若いおばさまを小蘭《シャオラン》おばさまと呼んだ。小蘭姑は恵おばさまのことをお姉さまと呼んでいた。

この家は仏間をはさんで建物の右側が恵おばさまの居室で、左側が小蘭おばさまの部屋になっていた。中庭を隔てた一棟には息子さんたち、娘さんたちの部屋があり、家中を遊びまわった私はある日、おじの部屋がないことに気付いた。

「ねえ、おじさまの部屋はないのかしら。おじさまはどこでお寝みになるのかなあ」

「知らないの？　一日おきなのよ。今晩はこっちのおばさまのところに泊って、明日はあっちのおばさまの部屋に泊るんだって……」

姉がいたずらっぽい顔で私の耳にささやいた。

「ハンドバッグをこっちのおばさまに買ったら必ずあっちのおばさまにも買ってあげるの。服を作る、布地を買うって言えば必ずおんなじようにするんだって……。おじさまも忙しくて大変だわね」

しかしおじさまが忙しくて大変なのは家の中だけではなかったようだ。名うてのプレイボーイで発展家の王おじさまは、家の外にも何人も女の人がいたらしい。あの時代、日本でも同様と聞いているが、中国でも、妻以外の女性を持つのを男の甲斐性のように言った。あまり何人もとなればいい加減にしろと、呆れられることはあってもそれは決して責められたりすることではない。妻はただがまんして家をおさめるしかなかった。

元気で威勢のいい恵おばはいつだって明るく楽しげに振舞っていたけれど、小蘭おばさまが自分の部屋に下っていくしとやかな後姿を見送って、

「あれでなかなかやんちゃなところがあってね」

と母に溜息ともつかず話していた。

「まだ若いでしょう。家にじっとしてなんかいられないのよ。料理や裁縫ができないのは無理もないけど、子どももいないし、退屈でしようがないわよねえ。だけど主人があれが出歩くのを嫌がるので困ってしまうわ」

　小蘭姑は、日本で言えば芸者さんにでもあたるのだろうか、料亭でお酌をしたりして男の人の相手をする酒家女だったのを、おじさまがいわば落籍させて家に入れた人だった。愛人を持つのを男の甲斐性などとは言っても、いわゆる妻妾同居はよほどのお金持ちでなければできないことである。狭い家の中で女が二人、角突き合せているようではとてもおさまらない。王家のような大きな家でお付きの女中もべつべつに、建物の右と左にわかれて住んで、それで辛うじてバランスを保っていたのではないだろうか。来客への挨拶に出るときと食事のときに一緒になるくらいで、あとは一日中ほとんど顔を合わせないでいられる。

　しかしそれでもおばの小蘭おばへの気のつかいようは大変なものだった。自分の小間使いになにかちょっとしたものをお下りでやったりするときは、同じようなものを新しく買って小蘭おば付きの女中にもあげる。珍しいおいしそうな頂きものがあれば必ず誘ってお茶にする。ほかの使用人たちにも気をつけて口をきくように、自分が正妻であるけれどもあちらも必ず奥さまと呼ぶようにとよく言い含めてある。家の中ではおばさまを大奥さま、小蘭おばさまを小さい奥さまとみんなが呼んでいたようだった。

「お父さまの大事な方だから決して疎んじてはいけませんよ」

と子どもたちを説得し、そのうえまだ小さかった末っ子を、

「あなたには子どもがいないから、この子をあなたの子どもにしてちょうだいな。あなたにかわいがってもらえたら、この子もさぞうれしいことでしょう」

小蘭おばを子どもの仮親のようにして家内での分が立つように、私も辛かったけれど考え抜いたあげくにそうしたのよと、いつか母に洩らしていた。

家の中で一人でじっとしてばかりもいられない小蘭姑はときどき町に遊びに出る。

「たまにはお友達と会ってお喋りもしたいわよね、だけどその友達というのが昔の酒家女のお仲間じゃ、家に呼ぶわけにもいかないし……」

「それはそうね、で、今日は町へお出かけになったわけ?」

「そうなの。だけどあの人たち、私たちみたいに縫いものでも持って集まってお喋りするというのではないらしいのよ」

「……」

「マージャンなの。集まればたいていマージャンになるんですって」

「だけど御主人、あの方が出かけて遊んでくるの嫌がるのでしょう?」

「しょうがないから、今日は洋裁を習いに行きました、とか言っておくしかないわねえ」

小蘭姑は恵おばにあとを頼んで遊びに出かける。恵おばは小蘭姑のマージャン友達の人数分のお弁当を作って届けさせる。男の甲斐性などというものが産み出したヤジロベエの構図の、なんと危ういバランスを保っていることだろう。

王おじはその頃、商用でしょっちゅう外国へ出かけていた。外国旅行のお伴はいつも小蘭姑である。

「若いのだからせいぜい楽しんでいらっしゃい。私は家をみなくてはならないもの」

そのかわり帰ってくれば山ほどのお土産品が恵おばの部屋に届けられるのだけれど。

小蘭姑は恵おばをお姉さまと呼んで、発展家の王おじが外でまた新しい人をつくったりすると、お姉さま聞いて下さいと恵姑の部屋にきてさめざめと泣きくどく。姉、妹と呼び合う二人の女は、一人の男の不実を嘆いて慰めあうのだ。

「がまんしてちょうだいね。ああいう人だから次々と手を出さずにはいられないのよ。だけどいつもの浮気だから、きっとすぐあなたのところに戻ってきますよ。あなたがこうやって家にちゃんといてくれるから、あの人も安心して外で遊んだりするんでしょう。

ほんの一ときの遊びにきまっているのだからあんまり心配しないで。辛抱してちょうだい」

私もがまんしているのよ、のひと言をぐっと飲みこんで姉と呼ばれた人は妹の涙を拭ってやるのだった。


「せつないことね」

恵おばさまの家からの帰り途、母がぽつんと呟くことがあった。妻の身になっても、妾といわれる人の身になっても、それぞれにせつない女の心情が思いやられた。

台北に住む姉がこの頃、昔のことを思い出してよく言う。

「おばさまはなんて偉かったのだろうとつくづく思うわ。おじさまがあんなふうで、ずいぶん辛いこともあったでしょうにどんなときにも朗らかで元気いっぱいで、ちっともくよくよすることがなかったもの」

遊びに行っていてお昼が近づくと、

「さあもうそろそろお昼にしなくちゃ、ちょっとあんたたち、手伝ってね」

王家の台所は辛家の台所とはまたちがった活気に溢れていて、ここでは奥さまが陣頭指揮をとる。料理は作る人の個性がそのまま現われるものだなあと思い知らされたのはこの家の台所でだった。小柄で身体のほそい母はコックの大水にだいたいのことを任せておいて要所要所を注意ぶかく締めながら、技巧的な、そして繊細で優雅な料理をつくる。母がつくる辛家の味は全体にうす味で素材の持つ微妙な味わいを生かした品のいいものになるのだが、おばさまのつくる料理はそれとは全くちがったものだった。大柄でガッチリした体格のおばさまは動作も大きくて、手も早い。精力的にバリバリ仕事をこなしていって実にダイナミックな料理をつくった。コックも下働きのお手伝いもすべておばさまの指示で動き、

「はいっ、次もって来なさい。さあ、これを揚げてしまいますよ、早くして」

ハイッ、一丁あがりといった具合で威勢よく料理が仕上っていく。母の料理を見馴れた目には大胆きわまる早業に思えた。

恵姑の得意料理で私の大好きだったものは皮つきの豚肉をころころに切って醬油煮にしたものと淡竹の筍の炒めもの。どちらもしっかりした味つけの、いかにも家庭料理らしいあたたかみに溢れていた。

中国の市場では塩漬けにした淡竹の筍を山のように積み上げて売っている。日本で見る淡竹の筍はずいぶん細いが中国のものはもっとずっと太く、なまではあまり食べなくて酸味のつよい漬けものにする。市場を歩いていてもこの売り場が近づくと独得の匂い

がプーンと鼻をついて、すぐにそれとわかるほどである。淡竹の筍の炒めものは、塩漬けにした筍をにんにくと干しえびで炒めるだけの素朴な料理で、おいしい漬けものが手に入るかどうかが料理のいちばんのポイントである。恵姑はこの漬けものを買うことにかけては一種の名人で、いつも太くて柔らかくちょうどいい漬かり加減の筍を買ってくるのだった。

「こんど一緒に市場に行って上手な買い方を教えてもらわなくちゃ」

と言いながらも、この手のものは母はあまり得意ではなかったようで、淡竹の筍料理は恵おばに限ると、私はひそかに思っていた。

食事の仕度ができるとおばさまは小蘭おばさまを呼びにやらせる。

「小さい奥さまにお料理が冷めますから早くおいで下さいってお呼びしていらっしゃい」

食卓は、おじさまが家にいるときはおじさまがいちばんの上座で、おじさまをはさんで左右に恵おばさまと小蘭おばさま、そしてお客の私たちと息子さん夫婦、娘さん夫婦が坐る。私の家よりずっと人数の多い大家族だった王家では、小さい子どもたちにはもう一つべつのテーブルが用意されていた。食事のテーブルでは主婦はみんながちゃんと気持ちよく食べているか、たえず気を配っていなければならない。私たちお客にはもち

ろん、おじさまにも小蘭おばさまにも料理をすすめたり、ここがおいしいのよと取り分けてあげたり、

「小さい奥さまのスープが冷めたようだから温め直してさしあげなさい。子どもたちはどう？　どのお料理も好き嫌い言わずにたくさん食べるのよ」

そしていちばん朗らかに笑い、楽しい話題で食卓の雰囲気を盛り上げるのも恵おばなのだ。

小蘭おばさまはここではまるでお客さまで、賑やかな周囲の会話に花が咲いたような美しいほほえみで相槌をうちながら、細い指で静かに箸を使っていた。第一夫人、第二夫人と奥さまは二人いても、一家の主婦はやはりたった一人だけなのだった。

使用人たちを叱咤激励しながらエネルギッシュに家事をこなしていく恵おばは、忙しい仕事の合間にもなにかしらの楽しみを見つけずにはいられない人で、自分自身をエンジョイさせるための労も惜しまなかった。

王家ご自慢の庭の手入れにしても、面倒と思えば気が遠くなるほど手間ひまのかかることだったろうに、王家に嫁いで以来、おばはすっかりそれを自分の楽しみにしてしまった。庭師に手伝わせながら自分でも毎日こまやかな世話を焼いて、王家の庭はいまや

おばさまが手塩にかけた恵姑の庭になっていた。

二十年くらい前、東京に来たおばを私はそのころできたばかりのホテルニューオータニの最上階のラウンジに連れていった。王家もそのころには子どもたちがみんな成人して、おじの道楽ぶりは相変らずだったけれど、おばはかなり自由に外国旅行もできるようになっていたのである。ニューオータニの最上階は東京の街を見下してぐるぐると回る、たぶん当時は世界でも珍しい回転ラウンジで、ここなら外国をいろいろ見ている人にもきっと喜んでもらえると思ったのだ。私たちはそこでお茶だかカクテルだかをいただいたのだが、そろそろ帰りましょうかと私が言うとおばさまは、

「もう少しここにいましょう、この次に私が外国に出るとしたらそれはきっとまたべつの国で、もう日本に来ることはないと思うの。東京のこのきれいな街をもっとよく見ておきたいから、よかったらあなたも付き合ってもう少しここにいてくれないこと?」

恵おばが東京に来た前後の一、二年、私は台湾やアメリカ、カナダから日本を訪れるお客を何人もこの回転ラウンジに連れていったのだが、誰もがすばらしいと言って楽しんでくれたなかで、おばほど芯から楽しそうに、幸福そのものといった顔で長い時間坐っていた人はいない。小さな楽しみでもそれを十分に味わい尽す才能のようなものがおばにはあって、道楽者の夫に泣かされながらも決してふさぎこんだり、ひがみっぽくな

ったりしないで、たくさんの子や孫たちに囲まれた幸福な老境を迎えることができたのだと思う。

八十八年の生涯を送ったおばが、亡くなる二、三年前に台北の姉に言ったという。

「私はこう見えてもずいぶん辛い思いもしてきたのよ、あなたがたは恵姑はいつも大きな声で笑って楽しそうにしていると思っていたでしょうけど。私はね、楽しむときは思いきって楽しむの。日頃のいやなことをなにもかも忘れて。きっとそうやって、大声で喚きたくなるような自分をコントロールしていたんでしょうね」

恵おばは京劇が大好きだった。母と誘い合せてはよく、台南でたった一つ京劇を上演する劇場「大舞台《タアウータイ》」に出かけていたようだ。ふだんの興行はとりたててどういうこともない旅回りの劇団がかかっているのだが、年に何回かこれはという役者がやってくる。そのときには、おばはなにを置いても欠かさずに劇場に通った。芝居の展開につれてよく笑いそしてポロポロと涙をこぼして泣くのだという。波瀾万丈の芝居を観ながら、主人公の心情に自分の身の上を重ねて一喜一憂して楽しんだのだろう。

ある年、お目当ての役者の芝居がかかっていたときに折悪しく子どもの一人が熱を出した。京劇見物は朝から晩までの、一日がかりの大仕事である。

「あなたどうする？　今度はやめておく？」

母が心配して尋ねると、

「いいえ、行くわ。あの子も連れて行くの。心配で女中に任せてはおけないから。特等席を何枚もとったのよ。お薬も毛布もみんな持って、万全の仕度をしてあの子を連れて行くわ」

その日、恵おばは山のような荷物を女中さんに持たせて「大舞台」にやってくると、劇場の座席に毛布をひろげて、病気の子どもを寝かせたり抱きかかえたりして芝居に臨んだ。時間ごとに薬を飲ませ魔法瓶に用意したお茶やスープを啜らせて、思う存分、京劇を楽しんで晴れ晴れとした表情で家に帰っていったのだった。

この話を聞いたとき私は、いくらなんでもそんな無茶なことと思ったのだが、あとになって幼な子を抱えて夫と別れ、一人の知人もいない東京で料理を教えて暮らしをたてる身になったとき、余分なお金などこれっぽっちもない貧乏のなかでも、私はイタリアオペラが来ると聞くと何を工面してでも出かけずにはいられなかった。小さいときから西洋の音階のなかで育ち、クラシック音楽を学んだ私は京劇の楽器の音色にはどうしても馴染めなかったが、そのかわりオペラといわれれば目がなかった。さいわいなことに無理をして切符を手に入れたその日に、子どもが熱を出すようなことはなかったが、もしそんなことになったとしたら私もおばと同じように子どもを毛布でくるんでも出かけていただろう。そのときの私はイタリアオペラを観ることが何にもまして重要なことに思えたのだ。オペラを観て数時間の至福にひたることで、私は子どもと二人の日本での生活を生きぬく力のようなものを得ようとしていたのかもしれない。

耐えるべきところは一言の愚痴も洩らさずに耐え、力を出すところでは大力を揮い、そして楽しむべき場で十分に楽しむことが、困難な情況を乗りきるためにはどんなに大切なことか。一ときの辛抱ではすまない人生の長丁場では、楽しく発散するということも欠かせない大事な要素になることを、私は恵おばから学んでいたようだ。おばの料理がダイナミックに大わざを決めるといった類いのものが多かったように、恵姑は自分のための楽しみもそれがどうしても必要なものとなったら、大胆に、果敢に取りくんでいくようなところのある人だった。

恵姑は遊び好きな夫の陰で旧家を守る奥さんらしく、ちょっと贅沢もしたいし、でも節約するところはしっかり締めていかなくてはとも思っている昔気質の主婦だった。おばの部屋のお手洗いの紙が香料入りのきれいな薄紙とふつうのちり紙（その頃のちり紙はいまではもうほとんど見かけないような、黒ずんでボソボソしたものだった）の二種類が用意されていたのも、そんなつましい女心の表われだったのではないかと、ほほえましく思い出される。

遊びに行った私が「お手洗いかして」と恵姑の寝室に行くと、おばは私のあとをついてきて、寝台の横の個室に入った私にカーテンの外から声をかける。恵おばさまの家は昔のままの中国の家だから、寝室もお手洗いもすべて伝統的スタイルである。寝室の奥は三畳間くらいはありそうな彫刻を施した大きな寝台が作りつけになっていた。子どもなら三人や四人は並んで寝られるような大きなもので、きれいな布団が敷いてある。このベッドは夜眠るためだけのものではなくて、身内の女の人たちだけでちょっと寛ごうかというときなどにも使われ、ベッドの上にあがって脚を投げ出してお喋りしたりもする。薄絹のカーテンを下せば独立した部屋のようにもなる気持ちのいい場所である。

寝台の横に、こちらは厚手のカーテンの下った小部屋が作られていて、これがこの部屋専用のお手洗い。部屋の中にはちょうど西洋式のトイレのような木の桶が置いてあって、これに腰かけて用を足した。桶は日に何度となく女中が掃除していつも清潔にしてある。きれいに洗い上げて匂い消しの香料をふりかけ、底には少し水を溜めておくのである。部屋の隅には手を洗うための水を張った洗面器があって、これにも香水がふってあった。

生まれたときから水洗式の手洗いで育って、旧式のトイレに馴れていない私に気兼ねして、おばはやたらにすまながりながらカーテンの外からつきっきりで指図する。

「まず蓋をあけるのよ、桶の脇に受皿があるでしょう、蓋はそこに立てかけておくの」

底に水が入っている桶は蒸気が籠るのか、蓋にはいつも水滴が溜っていて、立てると少ししずくがたれる。

「ちゃんと腰かけた？　じゃああとはお家とおんなじようですからね、大丈夫よ」

幼女の頃ならともかく、私が女学生になっても変らずに、おばは私の用足しをカーテン越しに見守るのである。かん高い大きな声でひっきりなしに話しかけるので、大きくなった私は小部屋の中で恥ずかしくて汗が出そうだった。でもおばさまはそんなことにはお構いなしで、

「そこに紙が置いてあるでしょ、あなたの使うのは右側の薄いほうの紙ですからね。今日はちょうどピンク色のがなくて白ばっかりでつまらないけど、どうぞそっちを使ってちょうだい」

あのいい匂いの薄紙は私のようなお客専用だったのか、それとももときどきはおばさまもそっちを使ってほんの少しの贅沢気分を味わっていたのだろうか。

遠慮しないでたくさん使ってきれいにするようにともくどくどと言うおばだったが、用を足したあとを清潔にすることにかけてはうちの母も神経質なほど口やかましかった。

私の家では、女の子が歯みがき、洗面、着替えなど自分の身仕度ができるようになると小ぶりな桶が二つ渡されることになっていた。母の小さい頃や上の姉の頃には昔ながらの木の桶だったそうだが、私のときにはホーローびきの洗面器で、色ちがいのかわいい花模様がついていた。自分専用の洗面器で一つは顔を洗うためであり、もう一つは朝晩、そして日に何度でも、用を足すたびにあとを清潔に洗いなさいというのである。家の子どもたちだけでなく、新しく来たお手伝いの女の子にも母は必ず、その子専用の桶を二つ渡して、自分の身体をいつもきれいにしておくのは子どもを産むという女性の大切な役目のためにも大事なことだし、なによりも清潔であることがいちばん肝心なエチケットですよとよく言い聞かせていた。二つの桶は、顔を洗うほうを面桶《メントン》、下を洗うほうを腰桶《ヤオトン》と呼んでいた。

入浴の習慣が庶民の間にいき渡ったのはせいぜいここ百年ぐらいのことで、昔はどんな富裕階級でも毎日お風呂に入るなど考えられないくらいの贅沢だったし、中国でもとくに大陸では水の不自由なところも多くて、身体を清潔に保つのは実に大変なことだった。衛生上の面からもきちんとした身仕舞をするという面からも、二つの桶の使いわけは女の子の躾けに欠かせないものだったのだろう。

私の家は当時としては珍しく、お風呂もシャワーも完備した家で、毎晩の入浴はもちろん、暑い季節には一日に何回でもシャワーを浴びることができたのだが、それでも中国の昔からの習慣どおり女の子は二つの桶で躾けられ、用足しのたびにバスルームに行ってその桶を使った。小さい頃は手洗いから出てくると「ちゃんと洗いなさい」「きれいに洗いましたか」と母に声をかけられ、ときどきはそばについて、洗い方がぞんざいでないかと手をとっておそわったりした。

「シャワーを使えばそれですむことなのに」

面倒くさいなあと、母の小言をうるさく思うようになった頃、戦争がだんだん激しくなって私の家も田舎に疎開することになった。疎開先は父の知り合いの田舎の旧家だった。シャワーもなければ燃料不足からお風呂も毎日は沸かせない。二つの桶の大切さが身にしみてわかって、私たちは母に言われなくてもいままでよりずっと丁寧に、念入りに洗うようになった。

こうやって育てられてみると不思議なことに桶を使わないと気持ちがわるくてしょうがない。三十年前、日本に来た私の最初の買物には、いろいろな台所用品に混ってプラスチック製の色ちがいの二つの桶が入っていた。困ったのは四、五年前、病気で二度ほど入院したときである。それまでは旅先でも、どんなに熱があって具合の悪いときでも、毎晩寝る前には必ず桶を使ってきれいに洗っていた。そうしないと気持ちが悪くて眠れないのである。さいわい個室がとれたからよかったのだが、看護婦さんが最後の巡回に来て、これでもう誰も入ってこないのを確かめてから、こっそりと音をたてないように気をつけて魔法瓶のお湯で桶を使った。

この話を聞いて台湾に住む姉や妹は、

「あなたはいったいどうなってるの」

と、呆れはてたという顔をした。一日中いつでも蛇口をひねればお湯が出て、どんな家でも簡単にシャワーが浴びられる時代になってまだそんなことをしているのかというのである。

「中国で暮らしている私たちだってもう忘れていることなのに、東京にいるあなたがそんな昔の習慣を守っているなんてどういうことかしら」

姉が不可思議という表情を浮べるとすかさず隣から妹が、

「東京のお姉さんはこの頃まるで昔のお母さんそっくりなんだから」

いやんなっちゃうと言いたげに口をはさんできた。自分でも不思議なことに、日本で長く暮らせば暮らすほど、私はこのところいっそう中国人らしくなっていくような気がしている。台湾にいるきょうだいたちが、東京に住んでいる日本の人と同じように、昔の中国人や昔の日本人にくらべるとはるかに共通性の多い現代人になりつつあるのに、私ひとりは二十歳まで暮らした台湾の、その当時の中国人の生き方、暮らし方をかたくなに守っているようなところがある。外国暮らしが長ければ長いだけ、私は自分が中国人であることをつよく意識せざるを得ないし、長い年月の間にいろいろなことに出会うたびに、身近かに相談する人もいない境遇で、こんなとき母ならばどうするだろうかと思案しつつ乗り越えてきたこともいくつもあった。

「お母さんそっくり」という妹の多少批難がましい言い方には、小さいときからやんちゃで活発な妹に対して少しお説教めいた口調で話すことのある私への抗議も含まれていて、知らず知らずのうちに私は母や恵おばのような昔の中国の女の姿をなぞって生きてきたのかもしれないと、過ぎ去った歳月を振りかえってみるのだった。

紅焼肉《ホンスアオロウ》の作り方

王家に遊びに行くとよくおばが作ってくれた、いわば王家のおふくろの味。肉の脂を抜くのに、今の人は一度揚げたり蒸したりしてから作るようですが、これは恵おばがしていた昔風の作り方です。

材料　皮つきの豚の三枚肉一キロ　にんにく五〜六個　醬油$\frac{2}{3}$カップ　酒$\frac{1}{3}$カップ
氷砂糖二十〜三十グラム　旨味調味料

1　三枚肉は五センチ角ぐらいの大きめの角切りにする。
2　にんにくはつぶしておく。
3　土鍋を用意して材料を全部入れ、水をひたひたに加えて一、二時間、じっくりと煮込む。
4　一晩おいて、上に浮いた脂を取除き、再び火を通して温めて食べる。

皮つき肉は、皮が真白くてきれいなものがよく、醬油もできればたまり醬油がいい。味は意外に濃くなくて、おいしそうないい色に仕上ります。取除いた脂は捨てずに炒めものなどに使って下さい。
一晩おくと翌日には味がしみておいしく頂けますが、毎日火を入れながら何日かおいておくと、コクが出てまた格別のおいしさです。

11　大家族の台所

「こんにちは、いいお天気だね、吃飽嗎《ツーパオマ》？」

「こんにちは、吃飽嗎？」

町を歩くとあっちからもこっちからも挨拶の声がとんでくる。

一昔前の台南の町は時計屋も花屋も靴屋も乾物屋も、どこの店でも必ずだれか一人、戸口に椅子を持ち出して往来を眺めていた。なにをするでもなくただ坐って隣の人とおしゃべりしたり、道行く人に声をかけたりするのである。

「吃飽嗎？　ご飯は済みましたか？」

「おはよう」や「こんばんは」のあとに必ずこう尋ねるのが私たちの習慣で、いかにも食べることが大好きな中国人らしい挨拶なのだが、もちろんこれはかなり形式的な質問で、だからといって、まだだったらごちそうしましょうと言うのでは決してない。ところが私の家を訪ねて来るお客のなかには、にっこり笑って、

「ええ、まだなんですよ、これはありがたい、ごちそうになります」

と答える人が少なくなかった。

だいたいが一日中人の出入りが絶えない家で、ご用聞き、洗濯屋などの裏口組は毎日のことだが、近くまで来たからちょっと寄ってみたとか、珍しい到来物のお裾分けにとかいう知人や遠縁、そのまた遠縁が顔を出したり、あるときは外国に行っていたはずの親戚がひょっこり現われたりと、毎日何人も来客がある。そのお客さんたちに、

「しばらくぶりですね、お元気でしたか」

の型通りの挨拶ついでに、

「吃飽嗎？　お食事はお済みですか」

するとまるで待ってましたと言わんばかりに、

「いやありがたいな、頂戴しましょう」

と返事が返ってくる。それが昼すぎのとんでもない時間でも、こちらの晩ご飯が片付いたところでもお構いなしだ。

中国人というのはいったいに食事時間はきちんと守る人たちで、うちに来るお客さんたちもしかるべき時間にしかるべき食事をとっているはずなのだが、尋ねると必ずまだなんですと言う人がいるのである。辛家は料理自慢の家だからあそこへ行けばなにかおいしいものが食べられるぞという魂胆なのかどうか、私たちもその返事を聞けば、しょうがないなあと思いながらも、台所に声をかける。

「お客さま、お食事まだですって。お願いしますね」

するといま考えればわが家は料理屋ではないのだから実に不思議なことなのだが、

「はい、ただいま」

と、二、三人分ぐらいならたちどころに出てくるのである。レストランでもなんでもないふつうの家で、いつ行っても食事ができるというのだから台所はさぞ大変だったと思うが、いま生憎《あいにく》きらしていてとか、こんなものしかありませんがなどということは一度もなく、昼なら昼、夜なら夜の一通りの品数が調えられるのだった。

私たち家族がこうやって来客に次々と食事を出すものだから、うちの使用人たちも人の顔さえ見れば、

「ご飯食べた?」

と声をかけて、裏口に来た知り合いを台所のテーブルに坐らせる。

食事どきでもないのに訪問先の家でご飯が出るなんて、いまはちょっと考えられないことだが、昔の中国にはそういう家も少なくなかったのだろうか、私は、何時に来たお客にもさっと食事が出るという暮らしを、ごく当り前のように思っていた。

前にも記したように、私の料理はどこかの料理学校で習い覚えたものではない。大部分が、来客の多いこの自宅の台所で、母や使用人たちが作るのを見て自然に覚えたもの

である。どういう訳か、私は料理が作られていく過程をじっと見ているのが好きな子どもだった。今にして思えばわが家の台所は、どんな料理学校にも勝る宝を私に残してくれたのである。

なるほど塾やカルチャーセンターに通えば、技術的なことは短い時間で覚えることができるだろう。だがお料理には（他のどんなことにも）そういう場所では習えない、何かもう一つ大切なものがあるような気がする。塾やカルチャーセンターにお金だけ払って安心している人を見ると、いちばん大切なものを忘れているような気がしてならない。日本人には、そうした性急な人が多いのではないだろうか。

話がそれた。

数年前、ホテルのコックさんたちに中華料理について話をする機会があって、ヒルトンホテルの調理場に入ったことがある。広い調理場で制服制帽の大ぜいのコックが働いている様子は、それは壮観なものだったが、床がコンクリートのたたきで、水をジャージャー流せるようになっているのを見て、不意に、ああこうだったなと、子どもの頃の実家の台所風景が目に浮んできた。

私の実家の台所も床から壁からすべてタイル貼りになっていて、一日の終りには必ず水を流してすっかりきれいにするのだった。中華料理は油をたくさん使うことが多いから、一日、台所で火を使うとずいぶん汚れる。夕食のあと片付けがすんだあと、壁や床のタイルを磨き砂で磨き、水できれいに洗い流すのが使用人たちのその日の最後の仕事だった。小さな子どもが寝室に追いやられる頃、台所では女たちがせっせと床を磨いている。私は、必ずそこへ顔を出して、「おやすみ」と言わないうちは寝ない子だったらしい。

台所の広さはおよそ二十畳ほどもあったろうか、壁際に薪を焚く大きなタイル貼りのかまどが二台据えられ、食器棚や収納庫に囲まれた部屋の真中には、これまた大きな調理台がデンと置いてあった。分厚い木の調理台はそのまま大きな俎《まないた》であり、粉をふって麺を打ったり、饅頭をこねたりする台である。仕事が終ればきれいに片付けられて、使用人たちの食事のテーブルにもなる。調理台に手も届かないような小さな頃から私は自分で椅子をずるずるとひきずっていって、テーブルの上の調味料をこぼしたり粉をひっくり返したり、せっせとみんなの邪魔をした。それでも私のお手伝いがいたずらにならないうちは、うるさがりながらも追い出したりされない。揚げものや大量の熱湯をゆでこぼしたりするときになると、

「あっちに行ってなさい」

と怖い顔で言われてしぶしぶ椅子からすべり降り、台所の隅に行っておとなしく見物

するのだった。

二台のかまどはどちらも三つ口かまどで、一度に六つの鍋釜をかけることができる。いちばん隅には大きな湯釜がかかっていて、いつでもお湯が汲めるように一日中、火が消えなかった。夕暮れどきには六つの炉は一つ残らずあかあかと火が入り、炒めもの、揚げもの、煮もの、スープ、ご飯といっせいに調理していると、たちのぼる湯気の中で油がジージーうなり、鍋の蓋はカタカタ鳴って、台所全体がまるで生きもののように活気づいた。

夕食の時間は六時と決まっていて、四時半頃から仕度にかかる。流しに山盛りの野菜がきれいに洗われ、料理ごとに仕分けして刻んだり下ゆでしたり、あらかた下ごしらえがすんだあたりで母や義姉たちが台所に入る。母は仕事をしている女たちに細かな注意を出しながら全体の進行具合を眺め、要所要所に手を加えていた。もちろんコックまかせの料理もあれば義姉の得意料理もある。義姉に継承させたくて意識的に手を出さないことも少なくなかったが、最後の仕上げはたいてい、母がうんとうなずいて決まったようだ。

調理が大詰めにさしかかると台所にはちょっとした緊張感が漂う。みんなの間をうろうろしていた私も一瞬立ち止って、味見する母の顔を見つめた。母はときどき私にも小皿をなめさせて私の意見を聞いてくれたりして、そんなとき私は背すじをしゃんと伸ばし、耳をすますような感じで全身の神経を集中させた。

日本にはおふくろの味という言葉があって、子どもの精神形成に重要な役割をもつようにいわれているが、料理好きでいろいろなものを食べさせてくれる母親に、特別、これ一品という料理をあげるのはむずかしいように思う。私にとってのおふくろの味を考えているうちに、私は自分の息子が母親の料理をどう思っているのか聞いてみたくなった。

「あなたにとっておふくろの味ってなにかしら」

「ムムム……」

長い沈黙のあと、

「あれかなあ……」

何か月かしてまた聞くと、

「これかなあ……」

似ても似つかないものを平気で言う。どっちがほんとなのと問い詰めると、

「あんまりいろいろ食べたんで、これ一つっていうのはないよ」

との由。もっとも駆出しの料理の先生の頃、同じ料理をひと月も続けて作ったことが

あるそうで、こちらはすっかり忘れていたのに、

「あれはまいった」

と思わぬところで仇を討たれた。一つのものばかりを食べさせてもそれがおふくろの味になるわけではなく、私の母が私に伝えてくれた味は、母が作ったさまざまな料理のどの味わいの底にも流れていた基調音ともいうべきもの、つまりそれが私にとってのおふくろの味であると同時に、代々伝えられてきた辛家の味なのであろう。

が、よその家では絶対に食べたことがない、母独得の料理もあった。豚の皮のパイナップル料理である。わが家でもこれだけは母の独壇場で、母以外はだれも作らない。おそらく母のいちばん得意料理だったのだ。豚の皮をからからに干しておいて、上手に揚げるとふわあっとふくれて三倍ぐらいにもなる。さらにこれをゆっくり煮込むと柔らかくふかふかなものになって、たとえば何に似ているかと言われてもちょっと返事ができないが、このふかふかの豚の皮をパイナップルと一緒に炒め合せたあんかけ料理である。たいていは甘酢あんで、たまにしゃれてカレー味にすることもあった。母だけの、という意味での、これが私のおふくろの味といえようか。

私の子どもの頃はガスのない時代で、十歳ぐらいになると見よう見まねで薪割りもす

る。納屋の軒下に積んであるコロを、付け木にするような細いものから、太いものの中くらいのものなど、だいたいの太さを揃えながら割っていくのである。無駄のない上手な薪割りも、一家を預かる主婦ならば覚えなければいけない大事な仕事で、私たちは時折、母が薪を割る姿を見て育った。小柄な母の手はとても華奢だったけれど、上手に鉈《なた》をふるってすぱん、すぱんと裏庭にいい音が響いた。戦争中の疎開先では人手がなくて、母は毎日薪割りをしていたが、ある日、木片がとんで、はめていた腕輪が割れた。母が十六歳の日に成人の祝いに贈られて以来、片ときも離したことがないという、お守りのような翡翠の腕輪だった。腕輪は割れたが母はけがをしないですんだのだから、腕輪は十分にお守りの役目を果したとも言えるのだけれど、なんといっても高価なものなのだから、私は少しもったいないように思った。戦争が終って町に戻り、しばらくしたら、また母の手に緑の腕輪がはまっている。割れたところがきれいに金で継がれ、まるでわざわざそうしたような、すてきな腕輪になっていた。母はそれをはめたままの手で、相変らず薪を割っていた。

　薪を焚くかまどのほかに、台所には小さな七輪もいくつか揃えてある。炭火を入れて長時間ことこと煮るような料理とか、ごく少量だけ作るものなどに使うのである。燃え残った炭は消壺に入れて消炭にする。消炭は火がつきやすく、これがあると翌日火をおこすのがとてもらくだ。

自動点火のガス台でスイッチ一つで火がつく時代になってみると、毎朝の火おこしの苦労など嘘のようだが、台所のかまどの前で、朝まだ暗いうちからカンナ屑をたきつけにしてフーフーと火を吹いていた女たちの丸い後姿をなつかしく思い出す。あっさりと勢いよく燃え出す朝もあれば、ぶすぶすとくすぶるばかりでなかなか火がつかないこともあった。ことに台湾には雨期というものがあり、その季節には薪や炭がしけってしまって、火をおこすのはひと苦労だった。

自動点火は便利なものにはちがいないが、さてその装置がいったん故障となると、いまの時代に育った子どもは、マッチを擦ってガスをつけるのさえうまくできないという。笑い話とばかり思っていたら、私が教えているお嬢さんの中にもそういう人がでてきて、事態は少々深刻なようである。マッチも擦れないお嬢さんはごく特殊な例としても、中華料理にはぼうぼうと炎が上るような強い火力が必要なダイナミックな料理もあれば、微妙な火加減の蒸しものもある。ガス栓のひねり具合で大小いかようにも火力が調節できる時代に、燠《おき》の作り方、薪のくべ方ひとつをうるさく言われた昔のことなど話してもわかってもらえそうもない。マンション暮らしの身に、現在のこの便利さはなくてはならないものだが、一方で、燃えさかる火を眺めているときの幸福感、火の番を言いつけられた日の頬のほてりが遠い記憶の底からときおり甦ってくる。

実家の台所ではコックの大水《タアスイ》が母の片腕となって采配をふるっていた。住み込みかまたは屋敷内の家作に住む使用人が多いなかで大水だけは通いで、朝七時頃、自分の家から出勤してくる。朝食は前夜の段取り通りに台所方の女たちだけで仕度することになっていて、母は朝食をすませると、人力車か自動車か、その日の乗り物の都合で、車夫か運転手をお伴に市場に出かけていく。市場の買物は、どこの家でもその家の主婦の大事な仕事で、母か、のちには母からバトンタッチされた兄嫁が必ず毎朝出かけて行った。台南市の市場は台湾でも指折りの、魚介類も青果物も豊富な市場で、食べることが大好きな台南市民の胃袋を一手に引受けて活気に溢れていた。故郷の町の市場を思うと、いまでも私の胸は高鳴る。

お客をする特別の日でもなければ、毎日の献立に頭を痛めることはほとんどない。市場を歩いてさえいれば、その朝の網で揚ったピチピチの魚やとりたての野菜が食べてくれといわんばかりの顔で並んでいる。その日の市場でいちばん輝いている素材を、そのまま食卓にのせればいい。学校が休みの日は私は必ず母のうしろをくっついて市場を回った。材料の吟味は丁寧に、売り手との駆引きは大胆に、市場での買物ぐらいおもしろいものはない。たまの里帰りで市場に足を踏み入れるといまだに私は血が騒いで、同行の姉にたしなめられたりしてしまう。

お伴の車夫か運転手が籠いっぱいの買物を両手に提げて、母が市場から帰ってくると、買物は台所の大テーブルにひろげられ、大水と細かな献立が打合される。大水は長年の母の意向をよく汲んで、素材の持味を生かした料理をバラエティ豊かに提案し、二人の意見はたいていぴったり一致した。

私が生まれるずっと前からわが家で働いていた大水は、私がものごころつく頃にはもうおじいさんで、よく太った大きな人だったが艶のいい赤ら顔がいつもにこにこ笑っていた。大水の腕はとても太くて、重たい中華鍋も軽々と動かしてしまう。わが家の鍋は、あれは直径が六十センチぐらいはあったろうか。いま私が自分の台所で使っているのは直径四十二センチ、自宅で教えている小人数の教室用で、だいたい十四、五人分が調理できる。私が育った家は、中国のどこの家もたいがいそうであるように大変な大家族で、家族と使用人、それに居候というか食客というか、いつもだれか滞在中のお客がいて、食事の人数も三十人は下らなかったらしい。しかし、私が台所に入るようになった頃にはさしもの大家族も少し整理がついて、同居していた三人の兄夫婦のうちの二所帯は、同じ敷地内に分家して、それぞれ子どもたちと住むようになっていた。それでも、父と母、私、妹、兄と義姉とその子どもたちに加えて、使用人と不意の来客の分も含めると二十人分ぐらいはいつも用意していたようである。したがって鍋、釜の類はすべて大型のものばかりだった。

「危ないよ、ちょっとどいてちょうだい」

小さい頃、好奇心いっぱいで台所中を探検して回ってうっかり熱い鍋に近づきすぎたりすると、大水はひょいと私を抱きかかえて安全地帯に下し、そのかわりに菜っぱの切れはしや練り粉を一握り持たせてくれたりして、幼い探求心を満足させてくれた。台所は私にとって家中でいちばんおもしろい、楽しい場所で、邪魔だからあっちへ行ってといわれてもそのたびに何度でも入り込んで、

「お手伝いさせてよ、ねえ、させてよ」

と熱烈なラブコールを送るのだった。

昼ご飯の片付けがすんで夜の仕度にかかるまでのちょっと手があいた時間に、大水はよくお伽話を聞かせてくれた。はじめのうちはいろんな話を次々に話してくれたのだが、あまり何度もせがむものだから、とうとうしまいにはいつも同じ馬鹿婿さんの話ばかりになった。

「昔むかしあるところに馬鹿なお婿さんがいてね。お嫁さんはとびっきり美人で頭のい

い人だったんだって」

　あるとき親戚一同が集まることになったのだが、食事のマナーを知らないお婿さんは大弱り。お嫁さんが知恵をきかせてお婿さんの足に紐を結んだ。紐をひいたら食べてもよし、合図がなければ食べてはいけない。

「お嫁さんの合図通り、お行儀よく食べたんだとさ。みんなあの馬鹿婿もお嫁さんをもらって利口になったってびっくりしたんだって。そしたらそこに鶏が迷いこんできてね」

　紐にからんで大暴れ、馬鹿婿さんはメチャメチャに食べたり飲んだり大忙し。口いっぱいに詰めこんで、入りきらなくなるとポケットにまでつっこんで、と手足をバタバタさせて大熱演である。この同じ話を私は毎日飽きずに聞いていた。

　気がやさしくて力持ちの大水は、しかしちょっと臆病なところもあったらしい。これは大水の奥さんがうちに来て、私の母にした話なのだが、奥さんと二人で住んでいた小さな家にある夜、泥棒が入った。家の中にではなくて、家の外、見事なヘチマ棚を狙ったヘチマ泥棒だった。不審な物音に奥さんが目を覚ました。

「ちょっと見てきて下さいな」

　隣のベッドを見ると、大水は大きな体を小さく縮めて、すっぽりと頭から毛布をかぶってガタガタ震えている。

「ほんとにうちの人ったら、しようがないんですよ」

食べ頃の、見るからにおいしそうなヘチマが何本か盗られてしまったと奥さんは嘆いていた。わが家の庭にも大きなヘチマ棚があって、四月の終り頃から食卓に上るのだが、大水の家のヘチマはまた特別に見事なものだったらしい。昼のうちに狙いをつけておいて、いちばんいいものを持って行ったと大層な口惜しがりようだった。

ヘチマというと日本ではせいぜいヘチマコロンとかお風呂に入るときの背中こすりぐらいにしか思われていないようだが、私の国ではヘチマはれっきとした野菜である。たくさん生《な》ったうちのいくつかは秋まで放っておいて背中こすりにもするが、食べるヘチマは菜瓜《ツァイクワ》と呼んで、四月、五月のごく若いうちに食べてしまう。食べ頃の判定がかなりデリケートな野菜で、ちょっとでも遅れると筋っぽくなってくる。長い実の下についた黄色い花が落ちるか落ちないかの頃、緑の外皮が微妙な変化を見せたら一刻もはやくとり入れたほうがいい。

皮をむいて薄くスライスしたヘチマはたっぷりの水に放しておく。茄子ほどではないがやっぱり少しアクがでるのである。これを気長に炒めてとろりと柔らかくした料理はなんとも品のいい上等なごちそうで、ヘチマコロンの連想があるためか、いかにも美容食のような気がしてくる。

「肌がきれいになるのよ」

作っているときも食べるときも、よく母はそう言っていた。

新鮮な小えびかあるいは干しえびでもいいが、それとこまかく刻んだにんにく、せん切りの豚肉と香ばしく炒めておいて、ヘチマを入れ、気長に気長に炒めていく。ヘチマが大変に繊細な味のものなのでとり合せる材料もあまりしつこいものは使わない。かるい塩味にお酒が少しのそれだけの味つけで、白くすき透ったヘチマが柔かくとろりと仕上って、いかにも初夏らしい季節の味がする。このヘチマの炒めもの「炒菜瓜《ツアオツアイクワ》」を炊き上る寸前のお粥に入れて食べるのが「菜瓜粥《ツアイクワツオ》」。子どもや老人、または病人食として大変にいいもので、「炒菜瓜」のかるい塩味にちょっと胡椒をたすかごま油をおとすかすると、消化もよく、食欲が落ちている人でも思いのほか食が進んでよろこばれる。台湾ではごくふつうのポピュラーな料理で、昔は夏を告げる季節の料理だったものだが、いまでは温室栽培のヘチマが出まわって、一年中食べられている。

日本でも、最近でこそ少なくなったが、夏になればどこの家の庭にも、青々としたヘチマ棚が作られていた。何本も下ったヘチマを見るたびに、日本ではなぜヘチマを食べないのか、私は不思議でならない。日本人の食生活もここのところ急速に広がってきているようだが、いまだにヘチマと言えば浴用タワシの印象だけがつよくて、中国ではヘチマを食べると聞くと実に奇妙な顔をする。大きなスーパーの中国野菜コーナーにもまだ登場していないようだが、そろそろとり入れてもいいのではないだろうか。くせのない、日本人好みの淡白な味で、一度食べたらきっと好きになること受合いのおいしい野菜なのだから。

ヘチマに限らず台湾は食用のウリの種類がとても豊富なところで、そのなかでは、苦《クー》瓜《クワ》、つまりニガウリのほうは、もともとは日本になかったものにもかかわらず、日本の野菜売場で市民権を得たようである。それでもまだ、せいぜい酢のものかお浸しにするくらいで、ニガウリのほんとうのおいしさが知られていないのは残念だ。もっともいまのところ市場に出まわっているのは沖縄あたりから送られてくるものだけらしく、私の国のニガウリとはちょっと違って、使ってみて少々不満が残る。

ニガウリの料理の種類はとても多いのだが、どれも割合に時間がかかるものと思っていただきたい。ゆっくりと時間をかけて火を通すことによって、ニガウリの持つ旨味を十分に引出すことができるのである。ニガウリはその名の通り苦みのある野菜だから、なにをするにもまず、ざっとゆでこぼして苦みをぬくことから始める。

「蝦米苦瓜《シャアミークークワ》」はえびのすり身を詰めたニガウリの蒸しもの。ニガウリを半分に割ってざっとゆでこぼし、タネの部分をくりぬいておく。えびのすり身に椎茸、卵、片栗粉を混ぜたあんを詰めて一時間ぐらい蒸し上げる。イボイボのついたニガウリは形もおもしろいし、中のあんの色どりもきれいで目を楽しませてくれる料理である。えびのいいのがないときはひき肉の脂の少ないところをすり身にしたものでもいい。ひき肉を使う場合は、肉のくさみ取りに長ねぎのみじん切りを入れること。これはニガウリ料理のなかではあっさりした品のいいものだが、濃厚な料理の代表で、食べさせた人がみんなこれは旨い、と病みつきになってしまったのが「腓骨苦瓜《パイクークークワ》」ニガウリをスペアリブと豆豉《トウチー》で煮込んだもの。

豆豉は日本の浜納豆とか大徳寺納豆といわれるものに似ていて、魚や肉の煮もの、炒めものに調味料としてよく使われる。醬油のような味がじくじく出てきて、時間をかけて煮込む料理にはとくに適している。スペアリブをから揚げにしておいて、豆豉とザク切ったニガウリでたっぷり一時間煮込んでいく。豆豉の旨味だけでほかの調味料はいらない。それでもの足りなければ最後にちょっと醬油をたらすぐらい。ニガウリは崩れそうになるまで煮込んでもいいし、形をしっかりさせておきたかったら、スペアリブだけ先に少し煮ておけばいいだろう。

電熱調理器を使ってことこと煮込むのにうってつけの料理をというテレビの注文で、

沖縄産のニガウリでこの料理を作ったことがある。私の舌は、ほんとうはもっとおいしいんですよと言いたかったのだけれど、試食したスタッフは全員、はじめての味にすっかり魅了されてしまったらしい。以来、そのときのプロデューサー氏は私の顔さえ見れば、ニガウリ、ニガウリと言いつづけている。

子どもの頃、ふだんの夕食にはだいたい七品から八品ぐらいの料理がテーブルに上った。わが家の食事は特別の美味、珍味を求めず、そのときの旬の野菜、旬の魚肉を、家族の健康な暮らしを願う妻や母の手で料理した家庭の味で、じつに堅実な食卓であったと思う。私の家系には呑んべえというほどの酒飲みはいなくて、食前酒の習慣はなく、食事中にも父や兄がちょっと二、三杯、老酒を傾ける程度である。食卓に毎日欠かさないのは青菜の料理で、これは必ず二種類、柔らかい葉ものと少し繊維が固いものの二品が出る。豆腐か豆を使ったものも一皿、忘れずに入っていた。

いま栄養学の観点から、一日に三十品目の食品を食べるようにさかんに言われているけれど、日本の家庭で現実にこの通りを実行するのは容易なことではないように思える。昔のわが家のような大家族なら否応なしに料理の品数は多くなって、一回の食事だけでも三十品目の食品を揃えるのは不可能ではない。中華料理の習いとして料理はつねに大皿で出され、めいめいが小皿に取りわけて食べるわけだから、どの料理も食卓の人数を見計らって平均してとるのが礼儀である。好物だからといって一人でたくさん取ったらあとの分が足りなくなるし、嫌いなものでも全くパスしてしまうのもよくないことで、三十種の食品はまずひと通り家族の口に入ると思っていい。こうして育てられた子どもは好き嫌いによる偏食はほとんどなく、バランスのとれた食習慣が身につくようである。

しかし現在の日本は家族の人数も少なく、台所の人手もない。一回の食事に何品も用意しろというのは少々無理なのではないだろうか。品数が少ないといきおい、家族の好むものばかりを作ることにもなる。

私はいまその三十品目にちかいものを食べるのに、二日間を目処《めど》に献立をたてることにしている。息子と二人きりの暮らしということもあって、どう考えても一日では食べきれず、また無理に食べたとしても決していいことはないと思ったからである。多種多様な食品を知らず知らずのうちに平均して食べることになるというのは、大家族主義の一つの利点だったのかもしれないと、最近になって気がついた。

年長者から幼い子どもまで大家族が揃って囲む食卓は、楽しい食事のひとときであると同時に、子どもたちが食事の作法や食卓での気配りを身につける場所でもある。大皿の料理を取るときの適量をわきまえるのはもちろんのこと、家長が席に着くまでは箸をとってはいけないとか、食器をカチャカチャいわせないなど、どこの国にも共通したマナーだが、中国人はとくに、楽しい食事には楽しい会話がなければならないと考える。食事を楽しむと同時にお喋りも楽しむのである。当然のことながら食事の時間は大変に長いものになった。

子どもたちはその間、まずきちんと坐っていることに始まって、他人の話をよく聞いて時宜にかなった受け答えをすること、自分からも一つ二つ、楽しい話題を提供することができるように心がけることなどを学ぶ。一座の話題には常に耳をすませていなければならないが、だからといってそのことばかり気をとられて肝心の食事がおろそかになるのは困る。自分の分はしっかり食べて、その上で食卓の会話に加わるのも、子どもの頃からの訓練で自然に身につくことである。

ことに女の子の場合はそれだけではすまない。一緒の食卓についている人たちへのさまざまな気配りや、料理のこと、さらにわが家では台所の人たちに対する心遣いも忘れてはならないことだった。

「おばあさまのお料理をとってあげなさい」

「お父さまにおかわりを伺ってみてね」

「もう少しいかがですかとお客さまにおすすめしてみたらどうかしら」

はじめは母に小さな声で促されて立ち上り、ぎごちない手つきでお給仕したりするが、何度もやっているうちに言われなくても自然に体が動くようになる。料理は足りなくないか、スープの温め直しを台所に頼もうか、汚れたお皿は溜っていないか、絶えず気をつけていなければならないことはたくさんあった。

母の方針で私の家では、直接、食卓にかかわることは使用人の手を煩わせず、家族だけですませるようにしていた。給仕の女の子を傍らに置いてサービスさせる家も少なくないなかで、母は頑としてこのしきたりを崩さなかった。わが家では料理の皿は食堂の入口までは運ばれてくるけれど、それから中は私たちの仕事だった。汚れた皿の取替えもスープのつぎ足しも、台所と食堂の境目で受け渡しされた。これだけの仕事をこなしてなおそのうえで、自分の分はきちんと食べる、会話に参加するというのだから辛家の娘はぼんやりでは務まらない。女の子は必ず主婦になるのだし、そのときになってなにもできないではすまされない。豊かな家に生まれたことと、なにもさせないお姫さまに育てるのは全くべつのことだと言うのである。

「いい主婦になるためには、もし人間の頭に十本の神経があるとしたら、あなたがたは十二本の神経を使うぐらいのつもりで物事の気配りをしなさい」

母は私たちにしょっちゅうこう言ったが、母の頭にはおそらくその倍くらいの神経が働いていたにちがいない。

食卓での私たちの最後の気配りは、使用人の食事のことである。当時の大方の習慣と違って、わが家では家族も使用人も同じ献立の食事をしていた。日本風に言うなら一つ釜の飯を食っていたのである。但し、使用人たちの食事は家族の食事がすんでからだった。どの品もむろんたっぷり作ってある。が、そのときどきの加減で大丈夫かなと思うこともないではない。私たちは食卓の大鉢の中のスープの量だけでなく、台所の鍋に残った分量も考えながら食事をした。たまに揚げものとか、大きな魚を姿のまま何匹か盛った料理など、お替りを頼んだときの感じでなんとなくピンとくる。

「あっ、残りが少ないのだな」

「これで全部みたいよ」

姉や妹と、食卓の他のメンバーにさとられないようにそれとなく目配せしあって、台所の人たちの分を必ず残すようにしていた。

家族の食事が済むのを待って台所の食事が始まる。その日一日のことを喋りあいながらの賑やかな食事で、それはそれでとても楽しそうな光景だった。黙ってただ黙々と食べる人は、たぶん中国人にはいないのだと思う。

彼らの食事が終ろうとする頃、突然の来客がある。

「おやいらっしゃい、ところでお食事はすみましたか」

「それが実はまだなんですけどね、でももうこんな時間だし、どうぞお構いなく」

いえいえ、辛家ではご飯を食べていないと言う人は放ってはおけないのですよ。でもさすがに今夜は大丈夫かなあ。残りものを入れる蠅帳《はいちょう》戸棚にはなにか入っていたかしら……。

ところが、である。台所ではみんながぱっと立ち上り、残っていた炉の火をかき立てなにやらもうおいしそうな匂いがしている。どこからひねり出したのか、やっぱり何品か揃った立派な食事が調えられているのだ。

「うちのコックは私が生まれる前、魔法使いに弟子入りしていたことがあるんじゃないかしら」

私は心の中でぶつぶつ呟いていた。

什錦滷蛋《スーチンルータン》の作り方

ゆで卵がたくさん入った栄養たっぷりの煮込み料理で、白いご飯にザブザブかけて汁かけご飯にして食べます。母はお昼や、学校帰りの子どもたちのおやつ用によく作ってくれました。

材料　豚ひき肉一キロ　鶏もも肉二枚　卵七〜八個　長ねぎ一本　干し椎茸五〜六枚　にんにくの醬油漬け二個　酒½カップ　醬油一・五カップ　みりん少々　干し椎茸のもどし汁と水

1　鶏もも肉はかるく塩をして一口大に切り、半日おいてから湯通しする。
2　卵は固ゆでにして、殻をむいておく。
3　長ねぎ、醬油漬けのにんにくはみじん切り。干し椎茸はぬるま湯でもどして大ぶりの賽の目に切り、もどし汁は別にとっておく。
4　中華鍋に油を熱して、長ねぎをきつね色になるまでよく炒める。ひき肉、干し椎茸を加えてすっかり火が通るまでさらに炒める。
5　厚手の深鍋を用意して、さきに炒めたものを二〜三センチの厚さに敷き、卵を並べ、鶏肉、にんにくのみじん切りを入れる。
6　さらに残りの炒めものを平らに入れて、酒、醬油、みりんを加え、干し椎茸のもどし汁と水でひたひたになるくらいにする。
7　ひと煮立ちさせてアクをとり、十分煮て一度火を止める。

8　冷めたら上に浮いた油を取除き、また十～二十分火を入れて、冷まして脂をとる。これを数回繰返して、合計一時間、ゆっくりと煮込む。

台南の市場にはこういった煮込みを食べさせる屋台の店が何軒も出ていて、お昼どきは近くで働いている人たちでいっぱいです。なかには、これが食べたさに、お抱え運転手付きの黒塗りの自動車でやってくる人もいて、実にさまざまな人が床机《しょうぎ》に腰を下して汁かけ飯を啜り込んでいました。そしてご飯のあとは、並び合った果物屋で果物を買うと、包丁で切ってスプーンを貸してくれるので、やはりこれも店先で立って食べるのです。

家では母が大量に作って（これはあまり少量ではおいしくできないもののようです）、一日に何回か火を入れては、二、三日はおやつに食べておりました。茶色に煮染まった卵が子どもたちは大好きで、何個食べたと、卵の取り合いをしたものです。

12　紅桃姑の精進料理

「こんどのお客さまは大変な食通でいらっしゃると伺っておりますけれど、おもてなしはどうしましょうか。紅桃姑《ホンタウクー》においでいただいて、精進料理にいたしましょうか」

　母の相談事を、あなたがいいと思うようにしたらいいというような調子で聞いていた父が、急に「ほう、それで?」と身を入れて受け応えしだした。数多い来客のもてなしのことなど、ふだんは母に任せきりにしているのだが、紅桃姑の精進料理のことになると父はうん、うんとうなずきながら楽しそうに話に乗ってくるのである。精進料理の真髄は繊細で微妙な味わいにあったから、本当に味のわかる人でなければもてなしのしがいがない。

「お精進でよろしいようでしたら、早速、明日にでも電話で献立の相談をしなくちゃいけませんわね」

「いや、料理のことは紅桃姑にお任せしたほうがよくはないかな。この時季の旬のもののことは言うまでもないが、いまお手許にどんな乾物類をお持ちかということもあるしね」

神仏への信仰心が篤くて、自分自身も生涯、昼前の食べものにはお精進を通した父は、お寺との付合いが深いことはもちろん、精進料理には一家言あってなかなか首をタテには振らなかったそうだが、紅桃姑が作る料理だけは、その人となりとともにいつも感服させられると言っていた。私たちは父や母に連れられて法華寺《ファホアシー》というお坊さんのお寺と、紅桃姑がいる尼寺によくお詣りに行ったがしかし紅桃姑はいわゆる頭を丸めた尼さんではなく、有髪で、服装も簡素ではあるが世俗の身なりをした女性だった。

中国の尼寺には剃髪した尼僧のほかに紅桃姑のような女の人たちが何人も住んでいて、花作りや縫いもの、お料理など自分の好きなことをして日々を過しながら、参詣に来た檀家の世話をしたりしてお寺を手伝っている。この人たちは尼さんたちがいる建物とは別の棟にそれぞれが一室ずつ貰って暮らしているのだが、身なりはごく質素にしていても部屋にある調度類はとても立派なもので、華美ではないが品格のある美しい暮らしぶりから、貧しさのためにお寺に身を寄せているのではないことがわかった。

「あなたがたが大きくなったら、私もお寺に行きたいわ。年をとったら是非そうしたいものだわねえ」

小さかった私や妹を傍に置いて、母はときどきそんなことを言い、そのたびに、兄たちから、お母さん、何を言うんですかとたしなめられていた。姑と呼ばれる女の人は年配の人が多かったけれどなかには若い人もいて、決して老後を過すための場所というばかりでなく、なにか世俗から逃れたいような事情がある人や、身寄りの少ない人たちが、たぶんある程度のお金を積んで入っていたのだと思う。失恋した娘さんが世をはかなんでということもあったろうし、またふつうの女が結婚しないで生きていくには抵抗が多い時代だったから、たとえば紅桃姑のように料理一筋に研鑽を積みたいという人にも、もっともふさわしい場所だったのかもしれない。お寺の境内は静かでいつもたくさんの花々が咲き乱れ、尼さんたちも世捨人の女性たちもみんなしとやかでやさしく、たしかに母が言うように心が落着く安らかなところだった。私自身もお寺は大好きで、長い間大家族をきり回して子どもたちを無事に育てあげたあと、あんな場所で余生を送りたいという母の心もわかるような気もしたが、れっきとした息子が三人もいるのにお母さんをお寺になどやれないという兄たちの気持ちとはまたべつに、やっぱりうちのお母さんの行くところではないという思いがつよくした。ちょっと見には普通の人と少しも変らない姑たちの穏やかな表情のなかに、あるかなしかの孤独の影がさすのを子ども心にも感じていたのだろう。母が寺入りを口にするたびに、お母さん行かないでと心の中で念じて、母のそばにすり寄っていた。

紅桃姑は私が生まれるずっと前からわが家に来てくれていた人だった。私がもの心ついたときにはいったいいくつぐらいだったのだろうか。かなりの年配のはずなのにお化粧気など何一つないさっぱりとした顔はつやつやと輝いて、唇も頬もまるで紅をさしたように赤味を帯びて見えた。もうすでに若くはなく、それでいてとても若々しい紅桃姑は四十代だったのかそれとも五十代、六十代だったのか、いまになっても私にはよくわからない。動物性の食品を一切使わない精進料理は体質的に合う人とそうでもない人がいるらしくて、お寺の人たちがみんな血色のいい顔をしていたわけではないが、精進料理の奥義を極めたように言われていた紅桃姑はきっと、口にするもののすべてが年齢を超えた若々しさの源になっていたのだろう。

　中国ではどんな宗派であれ、仏教のお寺は三度三度の食事は必ず精進であることが守られており、そのため、素材の豊富さや調理技術の洗練度は驚くほどである。しかしそれでも修行中の若いお坊さんにはがまんできなくて先輩たちの目を盗んで夜中に町へ脱け出すこともあるように聞いている。中国人は話をおもしろくするのが大好きだから本当にそんなことがあったのかどうかは危いものだが、食べるたびに名前の由来が思い出されて楽しくなるのが、「仏跳牆《フオテイアオチヤン》」。「仏」という字があるからお精進かと思えばもってのほか、生臭さ中の生臭さ、豚の内臓まで入った一種のごった煮料理である。「牆」は垣根を表わした文字で、「仏跳牆」は仏が垣根をとび越える、つまりお坊さんがお寺の塀を越えて町に食べに出た料理なのだそうだ。夜中に町の料理屋に行き、ゆっくりしてはいられない、なんでもいいからおいしいものを全部一皿に集めてくれと頼んだとか。ふかひれ、豚の胃袋、鶏肉に筍、椎茸、白菜と野菜もどっさり入れてとろりと煮込んだ贅沢なもので、育ち盛りのどんな胃袋もかならず満足させずにはおかない大変な料理だった。

お客をする日の昼すぎ、紅桃姑は迎えの車に二、三人の助手と料理の材料、調理道具の一切合財を積込んでやってきた。塩や砂糖をはじめ調味料もなにもかもである。ことに油は極上中の極上といおうか、動物蛋白を使わない精進料理ではごま油その他の植物性の油を大切に扱い、実に吟味されたすばらしいものを使っていた。助手は紅桃姑と同じ有髪の人もいれば剃髪した尼さんもいて、いずれも紅桃姑の下で料理の修業をしている人たちである。紅桃姑を迎えるわが家の台所はこの日、ふだんより一層念入りに隅から隅までピカピカに磨きあげてあった。ことに鍋、釜、食器の類は一点の曇りもないようにしておかなくてはならない。紅桃姑にしてみれば、俗人の手に触れたものは一つも使いたくなかったのだろうが、大鍋や大釜、食器類までは運んで来るわけにもいかなくてやむをえず在家のものを使うのである。日頃は動物性の生臭さものを調理したり盛り付けたりしている道具類だから、穢れを払い、ほんの少しの煩悩も入らないようにと、前の晩遅くまでかかって台所方の女たちが一心に磨いていた。コックをはじめわが家の台所で働く者は今日は一日お休みで、紅桃姑と助手たちの仕事ぶりを遠巻きにして眺めるのだった。コックの大水《タアスイ》が時折そばに行ってあれこれ質問するのを、紅桃姑はうるさがりもしなかったけれど、しかし一切の手出しは無用で、私たちはきびきびと働く尼さんたちの姿を畏敬の念で見つめるばかりである。

決して美人というわけではなかったが、紅桃姑は髪をきっちりと束ねていきいきと活気に溢れた眼をした人で、灰色とか青とか、ときには真黒の簡素な中国服に、前掛け代りの大きな布をぐるりと腰に巻きつけて働く姿はまるで舞台の上の人を見るようで、思わず見とれてしまうほど美しい。ふだんは優しい穏やかな人なのに、いったん料理にかかると神経がぴりぴり立つのがはた目にもわかり、手先の器用なこと、盛付けのきれいなことは目を見張るばかりで、ものをおいしく作るための徹底した信念から、自分にも厳しければ弟子にも厳しかった。私たちがちょっとでも手を出して間違いをしでかそうものならたちまち怒鳴りとばされてしまいそうで、うっかりそばにも寄れないような雰囲気である。いつもにこにこ笑って誰とでも気安く喋っている大水が、この日はいやに神妙な顔付きで、言葉遣いも大層丁寧に紅桃姑の教えを乞うているのだった。

紅桃姑が乗った車が到着して、尼さんたちが積んできた荷物を台所に運んでいる間に、紅桃姑は車から下りて真直ぐ仏間に入り、まず仏壇を礼拝する。到着の知らせを聞いた父も書斎を出て仏間に行き、二人はそこで丁寧な挨拶を交すのである。父が紅桃姑のような名人にお出ましいただいてと言えば、紅桃姑も私のようなものをご指名下すってと互いに譲り合い、そして紅桃姑はいつもちょっとしたお土産品を持ってきて、父を喜ばせるのだった。それはたいてい紅桃姑の手作りの保存食品で、なかでも父が喜んだのが海苔のふりかけである。生の海苔を干して酒、ごま油、醬油、砂糖で味をつけ、さらに干してから油でゆっくり揚げてカリカリにする。それを揉みほぐして缶に入れたものを、こんなものを作ってみました。今度のはとてもおいしくできましてねと渡されて、父は相好を崩して喜んでいた。紅桃姑は仕事が終って帰るときにも仏間に立寄り、再び丁寧に神仏を礼拝する。そして材料費ほかの実費に添えて謝礼のお布施を受取ってお寺に帰るのだった。

動物性のものは一切使わず、その匂いを神仏が嫌うというのでねぎ、にんにくの類も使わない精進料理のフルコースとなれば、前菜からデザートまでを飽きさせずに、変化に富んだ献立で供するのは、素材の吟味と高い調理技術が必要である。野菜、きのこ、大豆製品、海草類を主材料として、そのときどきの野菜の旬をぴたりと押えるのはもちろん、どれだけ吟味した乾物類を揃えられるかは大きなポイントになった。紅桃姑が持ってくる干し椎茸や昆布は、町ではとてもお目にかかれないような肉厚のすばらしいもので、材料集めだけでもおそらく大変な労力が費されていたのだろう。そしてこれらの材料を駆使して美味なるものを作り出していく技術は、数多ある世界の料理のなかでおそらくトップクラスに位置するものだと私は思っている。

精進料理の世界を覗いてみていちばん驚かされるのは大豆蛋白のひろがりの大きさである。腐乳《フールー》、南乳《ナンルー》、醬豆腐《チャントウフー》などとも呼ばれる豆乳《トウルー》にはじまって、豆腐、湯葉の種類の豊富さは私たち中国人でも舌を巻くほどだった。豆腐に大豆、麴《こうじ》、塩などを加えて発酵させて作る豆乳は、たとえば紅槽《ホンツアオ》という麴に漬けておくと紅色のものができるというふうに、漬けておく調味料で各種のものが作られるし、豆腐にも柔らかな豆腐もあればこれをぐっと圧縮した豆腐干《トウフーカン》もある。ことに湯葉は多くの場合、精進料理のメインディッシュを受持つもので、日本の京湯葉のように薄い紙状のものやそれを丸めた丸湯葉だけでなく、腐皮《フーピー》と呼ばれる分厚いものもある。さまざまな香辛料を混ぜこんで精進ハムと言いたいような味わいと舌ざわりの湯葉もあった。腐皮を何枚も重ねていって鶏やアヒルの形にしたり、ウナギのぶつ切り、ふかのひれに似せて作り、味付けを凝らすことで、見た目も味わいも歯ごたえもアヒル、ウナギ、ふかひれそのものとしか思えないものまで作り出してしまうのである。

湯葉で作ったふかひれにも感嘆するが、きのこのふかひれもどきもとてもおいしいものである。椎茸、えのき茸、ふくろ茸、しめじなど山野を巡ってたくさんのきのこを集めて来て、紅桃姑はふかひれスープに見立てたきのこスープ雑菇素菜湯《ツアクースーツアイタン》を作ってくれた。いろいろなきのこが混った複雑な味はふかひれにも迫る美味で、見た目も舌ざわりもふかひれによく似たえのき茸はことにたっぷり使われていた。

いまの台湾には精進料理を食べさせる専門の料理屋もあるし、台北近辺のお寺のなかにはすっかり観光化していつでも精進料理が食べられるまるでレストランのようになったところも珍しくないが、私が子どもの頃、お寺の本式の精進料理はいつでも好きなときに食べられるというものではなかった。お客のもてなしのためにときたまわが家がしたように、礼を尽して紅桃姑においで願うか、あるいはお寺の開祖の記念日とかなにかのお祭りの日に、お寺にお詣りしてご馳走になるしかない。お寺ではこの日、大量の料理を作って、お詣りに来た人には誰にでもご馳走してくれるならわしだった。お祀りの日のお寺は大ぜいの参詣人がつめかけて、次々にテーブルについて振舞いをうけるのだが、お布施の多寡の差は大部屋に通されるか個室に案内されるかということぐらいで出てくる料理は全く同じである。私たちはたいてい骨董品が並べられた静かな一間に通されたが、子どもたちはそんな奥まった一室にじっとしてはいられない。お寺中を駆けずり回ってあっちの部屋はどうだった、こっちの部屋はこうだったと覗き見して、おとなしくしていなさいと窘《たしな》められていた。

台湾のお寺に行ったら是非とも食べなくてはいけない名物料理が精進風焼きビーフンである。ビーフンは品質にかなりの良し悪しがあって、めんの一本ずつが離れていて色の白いものが上物とされている。油揚げを入れた野菜炒めの具をとり出して、残りの炒め汁にほどよくもどしたビーフンを入れて炒めあげ、味がなじんだところで具と合せて盛りつける。ビーフンはもどしすぎると炒め汁のうまみを吸ってくれないから、そのへんの加減がこの料理のポイントで、ラードのかわりにサラダ油とごま油を使い、最後に炒りごまをたっぷり振って香り高い台湾名物の炒米粉《ツァオミーフン》ができ上る。原料の米の質が大きくものを言うビーフンは、さらりとした米ができる台湾の新竹地方のものがいちばんで、これだけは大陸のどこのお寺も真似のできない最高のビーフン料理なのである。

精進料理はうちで食べるに限る、というのがわが家の父を除く兄たち男性陣の意見で、その理由は、

「尼さんがうろうろすると食欲が半減する」

自宅だったら紅桃姑以下、尼さんたちが働くのは台所だけで、食卓のサービスは私たちの役目だがお寺では頭を丸めた尼さんがしとやかに料理を運んで来る。しかし尼さんが目ざわりだというのは煩悩に虜《とら》われている男どもの勝手な意見で、尼さんたちが心をこめて作った精進料理はどこで食べても、繊細な仕上りと複雑微妙な味わいに変りがあるわけはないのだった。

子どもの頃のお寺詣りのお目当てが尼さんの作る精進料理なら、日曜日ごとに出かけたお墓参りで、私たちは焼き芋を焼いてたのしんだ。

私の家のご先祖さまたちは、台南の市街をはずれた田園の中の、果樹園と菜園をかねた墓所に祀られていて、こんもりとした緑の丘の一つ一つに石碑がたった光景は、墓地というよりはプライベートな記念公園といった趣きである。神仏を崇拝し祖先を敬うことの篤かった父は、毎週日曜日には家族全員を引連れてお墓参りに行くのだった。

日曜日の朝はきまって「みんな揃ったか」の父の声で、私たちはそれぞれ自動車や人力車に乗りこんでお墓に向う。戦争で燃料事情が悪くなると、大ぜいの家族を乗せるために父は馬車を考案した。バスを改造したような大型の乗りものを馬に曳かせたのである。裏庭の馬小屋にはいつも一、二頭の馬が繋いであったが、父や兄が馬に乗るという姿は見たことがなく、たまに作男の誰かが乗っていたりするのに、抱きかかえて乗せてもらうことがあるくらいで、馬はそれまであまり用のないものだったが、馬車を作ってやっと馬にも出番が回ってきたというわけだった。

改造バスの馬車でお墓参りに行く辛家の一行は、はた目には風変りな格好に見えたかもしれないが、私や妹や小さな甥姪たちは大はしゃぎである。ガタゴト揺れる馬車の窓枠につかまって、走り過ぎる景色を飽きずに眺めていた。この馬もやがて戦争にとられて私たちはお墓参りの足を失うのだけれど、戦争が終って自動車が使えるようになるとまた、日曜日の墓参が復活した。

先祖の墓に参るのは子孫の大切なつとめであると同時に、生きている者にとってもうれしいことでなければならないと父は考えていたらしい。果樹や蔬菜畑の中に点々と散らばったお墓をひと通りお参りすると、あとはすっかりピクニックの気分で、私たちは大きな籠に入れて持ってきたお弁当をひろげた。

墓地には墓守りをかねて作男を一人置いてある。お墓の掃除と菜園の耕作、果樹の手入れが彼の役目で、私たちが行くとおかみさんは畑から掘ってきたばかりのタロ芋で芋粥を作ってくれた。ここの畑は芋類に適しているのか、紫色でホクホクしたとてもおいしいタロ芋がとれて、お粥はもちろん、タロ芋のあんかけ、コロッケ、炒めものなどさまざまな芋料理が楽しめる。おかみさんが作る青菜の炒めものもおいしくて、私たちはそれをあてにお弁当を持たず、そのかわりに肉をたくさん持ちこんでバーベキューにすることもあった。お墓参りといっても湿っぽい雰囲気は全くなくて、死者も生者もひっくるめて、一族が楽しく過す一日だったのである。墓守りの夫婦が住む家には父の部屋が作ってあって、仏間の隣のその部屋で、父はお昼ご飯のあと本を読んだり、母や兄たちと話をしたりして過していた。

日曜の午後を静かに過そうという大人たちをよそに、私たちは焼き芋の仕度で大わらわである。タロ芋がよくとれる畑では、またすばらしくおいしいさつま芋がとれて、お墓参りの日のおやつは焼き芋と決まっていた。果樹の林を走り回って落ち葉や枯枝を集めてくると、私たちは穴が掘られるのを待った。石焼き芋でもなければ落ち葉の中につっこむのでもなく、土に掘った穴で焼く独得の焼き方である。

それがこの地方の土の特徴なのか、スコップで土を掘ると、土はばらばらに崩れずに、粘土のように一塊りずつとれる。掘った穴に落ち葉を敷き、穴のへりから、土の塊りを交互に積上げていくと小さなピラミッドができた。土くれのすき間に枯枝を差しこんで火をつけ、次々に細いたきぎをくべていくと、土のピラミッドは灼かれて真赤になった。

「さあ、もういいよ」

待ちかねていた声がかかると、子どもたちはいっせいにとび出してピラミッドを潰しはじめる。「ワーッ、あっちっち」と大騒ぎしながらてっぺんのひと塊りを蹴飛ばして、そこから芋を穴の中に落しこみ、靴底で土くれを崩して穴をぴったり塞いでしまうと、今度は熱を逃がさないように剪定で落した果樹の枝をかぶせて待つこと一時間。ひとしきり遊んで戻ってくると、火傷しそうに熱い、ホクホクの甘い焼き芋ができているのだ。芋が焼き上る頃には大人たちも家の中から出てきて、ふうふう言いながら揃って食べるのが、お墓参りの日の恒例のおやつで、果樹園の果物を好きなだけもいで食べ、陽が西に傾く頃、私たちはまた車をつらねて家に帰った。

日曜日ごとの墓参の習慣は、父が亡くなってからはだんだんと間遠になっていった。子どもたちがみんな大きくなって喜んで駈け回る幼な子がいなくなったこともあるが、決定的だったのは周囲の変容である。大陸からの難民といわれる人たちが墓地の中に少しずつ住みついていた。蔣介石《しょうかいせき》の軍隊を退いた老兵たちは退伍軍人と呼ばれたが、彼らと、彼らが大陸から呼びよせた家族も何組もいた。はじめの頃は社会の情勢からそれもやむをえないこととして、お墓の管理さえきちんとしてくれるならとその仮住居を認めていたのだが、難民の数がふえるにつれ、それは無秩序な占有に変って墓所は荒れていった。そして町はずれの田園だったその辺りは、都市の発展に呑みこまれて、いまや市街地の真只中である。私たちの祖先を祀る大切な土地だといっても、個人の意志ではどうしようもないところまできてしまった。

何年も前から兄はほかに土地を求めて、お墓を移転する用意をしている。いずれブルドーザーが入って、そこに新しい町が生まれることになるだろう。私たちが馴れ親しんだなつかしい場所が消えてしまうのももう遠いことではない。惜しんでもしかたのない世の移りではあろう。だが、私の気がかりはお芋である。あの土地でいまでもさつま芋を作っているとしたら、あのおいしいお芋はどんなふうに料理されて食べられているのだろう。大陸にも穴を掘って芋を焼く習慣があるのかどうか知らないが、もし食べたことがないのなら、畑が潰される前に是非一度、教えてあげたい。

「土くれをピラミッド型に積み上げて、焼き芋をしたことがありますか?」

千層腐皮《チエンツエンフーピー》の作り方

生湯葉を何枚も重ねて積み上げた、少々テクニックを要する精進料理。素材をよく吟味して、上質のものを使って下さい。

材料　生湯葉六百グラム　筍（ゆでたもの）四百グラム　干し椎茸（大）二十枚　醤油大さじ五　砂糖大さじ一　胡椒少々　ごま油大さじ一

1　（湯葉の間にはさむそぼろあんを作ります）干し椎茸は水で戻してみじん切りに、筍もみじん切りにする。

2　中華鍋に植物油大さじ三を熱して椎茸、筍を少し時間をかけて香ばしく炒め、醤油と砂糖、胡椒、ごま油を加える。

3　湯葉とちょうど同じぐらいの大きさのバットを用意して、湯葉を一枚広げる。

4　そぼろあんを少々、湯葉の全面に散らしてその上に一枚、湯葉を重ね、そぼろ、湯葉と繰り返して積み上げていく（生湯葉は大体百グラムが五枚くらいのものなので、湯葉の枚数によってそぼろあんを均等に分けておくといい）。

5　重ね終ったら、半日ほど重しをかける。重しは初めは軽く、だんだんに重くしていく。一・五キロぐらいから始めて三キロぐらいまでが適当。

6　重しが済んだらバットごと蒸し器に入れて三十～四十分、蒸す。蒸し上ると大変しっかりしたものになっているので、これを包丁で切り分ける。

薄い生湯葉は破れないように十分注意して扱うこと。重しをかけるときは同じ大きさのバットをもう一枚用意してその上にのせると、重しが均等にかかって安心です。

切り分けたものはそのままでまず一品、甘酢あんをかけて一品、さらに衣をつけててんぷらのように揚げて一品と、三通りにして出すことができます。

あとがき

いつの頃からか、私はいずれは自分も一冊の本を書くだろう、書きたい、と漠然と考えていた。どんな人間でも、一冊だけは書くことができる、という誰かの言葉が頭にあったのかもしれない。だがそれは、多分六十歳をすぎてから、自分の人生の黄昏を自覚した時に初めて実現されるはずだった。

それがこんなに早く具体化したのは、友人・本間千枝子さんのおかげである。昨年、彼女は台南での生活について語った私の拙《つたな》い講演を聞いて下さった。講演のどこが気に入られたのか、本を書くように勧めてもくれた。そればかりでなく、文藝春秋の白川浩司さんに紹介され、運命論者の私はこれも何かの縁と思い定め、重い腰を上げることにしたのである。

本が出来上るまでには、その他にも福士節子さん、ホリ・プロダクション文化事業部の金森美弥子さん等、大ぜいの方々のお世話になった。いちいちお名前は記さないが、これらの方々の暖い励ましがなければ、この本は世に出ることはなかっただろうと、心から感謝している。

書いているうちに、台南での日々の記憶が意外に鮮明だったためか、初めに考えていたのとはちょっと違う形の本になってしまった。日本での生活に触れるゆとりがなくなってしまったのだ。が、読み返してみて、これはこれで良いのではないか、と思うようになった。のろまだが人生の細部を大切にしたいと願う私の生き方が、安閑園の日々で植えつけられたことを、あらためて痛切に感じたからである。その意味で、この本を今は亡き父・辛西淮に捧げたいと願っている。

著　者

一九八六年九月三日

母の思い出

辛　正　仁

長い間、いつも心のどこかで願っていた『安閑園の食卓』の文庫化という嬉しい知らせが届いた日。

久しぶりに、この本を読み返し、面白いことに気づいた。この本を世に送り出した一九八六年当時、母は五十三歳。そして、今、文庫版の巻末に、母の思い出について書こうとしている私もまたあの時の母と同じ五十三歳なのである。

母が急逝したのは二〇〇二年一月二十八日。それから八年。私は、母の生前よりもずっと、母と向き合い、語り合うことが多くなったように思う。今回のこの偶然も、また、母が、私に何かを語りかけているのではと感じてしまう。

私が幼い頃の我が家は、母一人、子一人といっても、けっして静まりかえった家ではなかった。二DKの手狭なマンションに、台湾から留学していた叔母や叔母の友人、従姉妹などが常に二、三人は居候しており、実ににぎやかな家であった。

母は、一人でいることが苦手だった。

大家族で育った母は、いつも大勢に囲まれていることが当たり前であり、最も、自分らしくいることができたのだと思う。

そして、無類の、お客様好きだった。母の仕事関係の出版社の方々から、写真家、料理研究家、音楽家、叔母の友人、友人の友人と、大げさでなく、毎週のように、狭いマンションに大勢招いては得意の料理を振舞った。

いつも、ぼんやりと、空想にふけっているような子供だった私は、母の目には、よほど問題児に映ったらしく、私は役目をあたえられ、お客様をお迎えするときの作法を、厳しく仕込まれた。

お客様がいらしたら、その時に、勉強をしていようが、何をしてようが、真っ先に玄関に出てお迎えすること。

狭い家で、大きなクローゼットも無かったので、自分が寝ているベッドに新しい敷布をかけて、その上に、お客様のお荷物や、コートをお預かりすること。

お帰りになるときに、どなたのお荷物か、コートか、尋ねるようなことがないよう、どなたのものか、責任をもって記憶しておくこと。

お客様がお揃いになって、前菜をお出しし、乾杯が済むまで、母は、それぞれの、お客様のご近況や、ご家族のことなどぴったりな話題を次々と繰り出しては場を和ませた。

また、初対面のお客様どうしには、共通点となるだろう話題を投げかけては、良い出会いをつくろうとした。こういう時の華やいだ様子が、私の記憶の中の、最も母らしい姿である。

この瞬間は、私もクローク係としての最初の役目を終えてほっと一息。

しかし、これからが本番である。

乾杯が済み、フルコースがスタートすると、母はダイニングキッチンの厨房に向かい、つまり、お客様に失礼をして背を向けて、次から次へと料理を仕上げていく。料理を仕上げながら、洗い物を片付けていく。なので、基本的にお客様とは、お話ができなくなってしまう。

そこで、子供の私が、ホストとして大人のお客様のお相手をすることになる。いらしたお客様全員と、必ずお話をすること。

特に、口数の少ないお客様には、こちらから話しかけるなども教えられた。

幼い子供にとって、大人のお客様のお話の相手をするというのは、なかなか困難な課題である。しかし、会食の間、怠けて、私がただ黙って料理を食べていたりすると、そっと呼ばれて「それでは居る意味がない」といってよく叱られた。

あまりお酌をすることは煩《うるさ》く言われなかったが、いつまでも、お客様の空いたお皿をそのままにして下げないとこれも、よく叱られた。

お帰りになるお客様がいらしたら、そっと、寝室に行って、その方のお荷物とコートを間違いなく持ってくること。

お見送りは、部屋のドアでなく、エレベーターで降りてマンションの玄関まで。

そして、お客様が見えなくなるまでお見送りすること。

一人でフルコースを作り終え、デザートの頃になると、母は、食卓に戻ってきてお客様とまた、会話を楽しんだ。その頃には、私が途中で下げた洗い物もすっかり片付いていた。

我が家には泊まりがけのお客様もよくいらした。遠方の方が東京にいらした時に連絡をいただくと、「ホテルなんかもったいないから」といって何日でも我が家に宿泊していただいた。

親戚などは、一家で滞在することもあり、そうなると寝室はお客様に使っていただき、ダイニングテーブルの下が私の寝床となる。しかし、子供には、これがキャンプのテントのようにも思えてこのイベントが気に入っていた。

役目と言えば、母が作った料理や、手に入った珍しい食べ物を近所の親しくしている方々のお宅に、お届けするのも私の役目だった。

最初は面倒なので、渋々なのだが、お届けすると、皆さん心から喜んで下さるし、お返しに、私の好物のお煎餅《せんべい》なども持たせてくださるので、役目を終えて帰るときには、ふんわりと嬉しい気持ちになった。

どなたかが病気で入院されたと知らせが入ると、決まって「干し椎茸と鶏の湯せんのスープ」を作って、私に病院まで持って行かせた。

くどいようだが、本来、私は、ぼんやりとした口数の少ない子供だった。

しかし、体の芯まで浸み入るような、このスープの味をよく知っているので、ご病気の方にスープをお渡しするときには、「これを飲んで元気になってください」と心から言えたような気がする。

料理で人を幸せにしたいという母の情熱は、私の友人たちにも向けられた。

土曜日の放課後、小学校でクラス会が行われた時。

PTAの役員をしていた母は、出来合いのお菓子だけじゃさみしいのでと、手作りのショートケーキをクラス全員分作って持ってきてくれたことがあった。

家の小さなオーブンでスポンジを何回にも分けて焼き、家庭用の小さなボールに何杯もクリームを立て、一つ一つに大きな真っ赤なイチゴをのせて出来上がったクラス人数分のショートケーキは、ウールコートが入っていたボール紙の大きくて平らな箱に隙間なく、ぎっしりと詰められていた。

クラスの中でも、ただお人よしで、あまり目立たない私も、この日ばかりは主役になれた。

「いいなぁ、お前、毎日こんなもの食べてんのかよー」

照れくさかったが、内心、この時ほど母を誇らしいと思ったことはなかった。

料理と、お客様以外で、母の大好きなことと言えばオペラ鑑賞と、家を花で飾ること。それ以外、自分のための贅沢は殆どしない人だった。

本当に節約上手で、大事なお金は、私を育てること、そして、お客様、友人、親戚のために惜しげもなく使われた。


安閑園の記憶。

母の子供の頃の記憶が、なぜ、これほどまでに鮮やかなのか？

それは、母が、人一倍感情豊かに生まれ、育ち、生きてきたからなのだと思う。

人間の脳は、強い感情を伴った記憶が、いつまでも鮮明に残る仕組みになっていると聞いたことがある。

しかし、生活の細部を大切にし、豊かな感情をもって生きることはけっして楽しい、幸せなことばかりではないはずである。反対に、悲しみや苦しさも、人一倍大きくなってしまうだろうし傷つくことも多いはずである。

読者の皆様、いや私の親戚にも気付かれていないのかもしれないが、そして、母は最期まで、この種明かしをしてくれなかったが、『安閑園の食卓』の本文の中には、母が深く傷ついた子供の頃の記憶が忍ばせてある箇所がある。

昨今のように、世の中のスピードが恐ろしく速くなり、受けるストレスの数も量も増大すると、私たちはその苦痛から逃がれるために、知らず知らずに感情のスイッチをオフにしているときがある。

しかし、こんなことを続けていると二度と感情のスイッチをオンにできなくなってしまう……。

つまり、不幸を感じなくなるだけでなく、幸福も感じとることができなくなってしまうのではないだろうか？

そして、人生を終える頃、今日の一日を何一つ記憶していないような、誰の人生だか分からないようなことになってしまうのではないだろうか？

幼い頃の自分に寄り添い、その時々の細やかな感情を鮮明に想起することは、これから先、自分はどう生きるべきかを直観するうえでとても有効な手段のような気がする。

もしも、この本が、読者ご自身の人生を振り返る貴い祈りの時間のきっかけになることがあれば、きっと、それは母の本望なのだと思う。

最後に、『安閑園の食卓』の文庫化にむけて強く働きかけてくださった林真理子先生、単行本版を刊行してくださった文藝春秋の方々、福士節子さん、実現に向けて奔走くださった集英社の村田登志江さん、文庫編集部の瀧川修さん、宮脇眞子さん、生前母を支えてくださった多くの皆様、そして、母の思いに共感してくださった親愛なる読者の皆様に、心からの感謝を申し上げたい。

二〇一〇年五月

解　説

林　真　理　子

食べものに関するエッセイを、偏愛しているといってもよい。昔から東西を問わず、多くのものを読んできた。

「それにしても、あの本は面白かったなあ。最近、食べものエッセイがやたら出てくるけど、あれを越すのはちょっとないなあ」

と親しい集英社の編集者、村田登志江さんに話したところ、インターネットの古本市場で見つけてくれた。そして二十四年ぶりに読み返したのだが、やはり素晴らしかった。それがこの『安閑園の食卓』である。今回文庫化が決まったのであるが、それは私の少々のお節介によるものではない。本の持つ大きな力である。

安閑園という、台南の郊外にある豪邸での日々。そこは豪邸というよりも荘園といった方がいいかもしれない。鶏や七面鳥、豚が飼われ、野菜や花の畑が拡がっている。大家族とそれをとり囲むたくさんの使用人たち。これを読んだ誰もが、

「中国人の豊かさというのは、日本とまるでスケールが違う」

とため息をつくことであろう。

日本でも戦前の恵まれた人たちが綴《つづ》る、食の文化がある。銀座のレストランでのハイカラな美味、そして日常の食卓での愛情の込もった料理の記憶だ。しかしそれらがどうしても、日本的なつつましさから逃れられないのに比べ、この安閑園のダイナミズムはどう言ったらいいだろうか、量も質もケタが違うのだ。

中国人の挨拶は、

「こんにちは、吃飽《ツーパオ》嗎《マ》?」

というらしい。もうご飯は済んだのかと尋ね合うのが、いかにも食いしん坊の国民性だ。しかし著者の家では、この挨拶がおざなりのものではない。何時だろうと、客が望めば温かいおいしいものが出てくる。それが使用人の知人にも及ぶというから驚くではないか。安閑園では食べ物と人手、そしてもてなす心が満ちていたらしい。

登場してくる料理の、おいしそうなことといったらどうであろう。

年越しのそば「什錦全家福大麵」、豚肉とそうめんのスープ、鶏の血液料理、ちまき、内臓料理、えびのすり身を詰めたニガウリの蒸し物……どれも口の中に唾がたまってくる。おそらく現代では、レストランでもめったに口に入らないであろう、おそろしく手の込んだ料理だ。こういうものはコックと何人もの使用人がいなければ、供せられるものではない。全く日本の金持ちなど、なんぼのもんじゃいと思ってしまう。

が、この本のすぐれたところは、決して昔の自慢話に終っていないところである。愛情を込め、細やかに描かれる当時の父長制の元での大家族、そして中国人の美意識。食事を通して、マナーや思いやり、大切な精神を学ぶというのは、日本も中国も同じであろう。が、先に述べたようにわが国のそれは
「醬油《しょうゆ》を皿に残さない」

「菜っぱひとつも大切にする」

といった節約が根底にあるのに比べ、中国の根本はもっと享楽的なものだ。それは自分の好む、おいしいものをたらふく食べる。そういう人生をおくる。それが出来る金を稼ぐ、というのが大きな柱としてあるのではないか。中国人の食卓において、清貧の思想などないのではないか、と私は考えるのである。

そして著者の父親は、見事にそれを体現した人だったらしい。政治家として要職にあった後、実業家として成功する。大勢の家族を率いて、そしてすべての者においしいものをたっぷり食べさせ、それを見守ることを何よりも幸福とする人生なのだ。

この本に流れるかすかな翳《かげ》りは、この偉大な父親を、いつか失くすのではないかとい

う怯えによるもののような気がする。

著者のご子息は、本の中に「深く傷ついた子供の頃の記憶が忍ばせてある」と書かれている。それがいったい何なのだろうかと、私なりに考えた。

著者が幼少の頃から金も地位もすべて備えていた父君は、既に老いていた。遅く出来た子どもだったからである。

「あなたが大人になる頃には、もう親はいないだろう」

と言われて育ったに違いない。私も両親が四十の時の子どもだったからよくわかる。そういう子どもは、もの心ついた頃から視線が大人びている。いつのまにか、自分の身のまわりのことを記録しようとする心が芽ばえているのだ。

この本に流れる静謐《せいひつ》さ、にぎやかで満ち足りた生活の傍に、静かに流れる川があるような印象を持つのはそのためであろう。

まるで短篇小説を読んでいるような箇所もある。

幼なじみの青年との結ばれなかった初恋。そして離婚を経て、異国で暮らす女性の葛藤といった筆はこびは実に知的だ。著者の写真を一度見たことがあるが、とても美しい人であった。花のような令嬢として、人々の憧れであったに違いない。その女性が日本にやってきて、苦労しながらひとり息子を育てる過程は心をうつ。豊かな実家や、や

さしい兄姉たちを頼るまいとするのは、

「息子を掛人《かかりうど》にしてはいけない」

という決意であったろう。食べることは、決して人から与えられてはならない。自分の父親のように、余るほどたっぷりと人に与えるものなのだ。その信念がこの本を品格あるものにしているのではないか。

それにしても、安閑園の客になるには無理だったとしても、著者の東京のマンションの客になりたかった。料理も素晴らしかったろうが、その凛《りん》としたお人柄にも触れたかったとつくづく思う私である。早く亡くなられていたことが残念でならない。おそらく食べ物のおかげで、この本に出てくるご親族の方々はみんな長寿なのに。

この作品は一九八六年十月、文藝春秋より刊行されました。

本書で紹介された料理レシピ　索引

姜味烤鶏（チャンウェイカオチー）　P 38
生姜たっぷりの鶏の蒸し焼き

什錦全家福大麵（スーチンチュエンチャフータアミエン）　P 80
お祝いの日に食べる具だくさんのあんかけそば

安福大龍蝦（アンフウタアロンシャア）　P 100
伊勢えびと五目野菜の炒めもの

猪血菜糸湯（ツーシュエツァイスータン）　P 125
豚の血ともやしの餅入りスープ

春餅（ツンピン）　P 145
薄い皮に具とたれを包んで食べる中華風クレープ

人参鰻魚湯（レンサンマンイータン）　P 174
朝鮮人参とウナギのスープ

産腸（サンツァン）**料理**　P 195
豚のコブクロを使った酒の肴

烤仔猪（カオツツー）　P 216
仔豚の丸焼き

紅焼牛肉（ホンスァオニュウロウ）　P 239
牛すね肉の醤油煮込み

紅焼肉（ホンスァオロウ）　P 263
皮つき豚バラ肉の角煮

什錦滷蛋（スーチンルータン）　P 289
ゆで卵と豚ひき肉、鶏肉の煮込み

千層腐皮（チェンツェンフーピー）　P 308
生湯葉と椎茸の旨煮を何枚も重ねた精進料理

集英社文庫

安閑園《あんかんえん》の食卓《しょくたく》 私《わたし》の台南物語《たいなんものがたり》

2010年6月30日 第1刷
2021年12月12日 第4刷

定価はカバーに表示してあります。

著 者 辛永清《しんえいせい》

発行者 徳永 真

発行所 株式会社 集英社
東京都千代田区一ツ橋2-5-10 〒101-8050
電話 【編集部】03-3230-6095
【読者係】03-3230-6080
【販売部】03-3230-6393(書店専用)

印 刷 中央精版印刷株式会社 株式会社美松堂

製 本 中央精版印刷株式会社

フォーマットデザイン アリヤマデザインストア マークデザイン 居山浩二

ISBN978-4-08-746584-6 C0195